Le contentieux des contrats miniers et pétroliers en République centrafricaine

Collection « Études africaines »

dirigée par Denis Pryen et son équipe

Forte de plus de mille titres publiés à ce jour, la collection « Études africaines » fait peau neuve. Elle présentera toujours les essais généraux qui ont fait son succès, mais se déclinera désormais également par séries thématiques : droit, économie, politique, sociologie, etc.

Dernières parutions

Barthélemy MAHOUKOU et Nadège OKEMY ANDISSA, *Formation qualifiante et évaluation de stage au Congo Brazzaville. Constats et perspectives*, 2020.

Gaston MBEMBA-N'DOUMBA, *Femmes et petits commerces du fleuve Congo entre Brazzaville et Kinshasa*, 2020.

Ernestine Antoinette NGO MELHA, *Inclusion scolaire des élèves en situation de handicap en France et au Cameroun*, 2020.

Julien Coomlan HOUNKPÈ, *Le droit de la preuve dans l'espace OHADA*, 2020

Michael AKINPELU, *La langue française au Nigéria. La difficile intégration,* 2020.

Mohamed HARAKAT, *La nouvelle diplomatie économique en Afrique. Paradigmes et modèles*, 2020

Olo SIB PALÉ, *Au cœur d'une administration douanière africaine. Douane en action*, 2020.

Jean KOUFAN MENKÉNÉ, René BIDIAS, *La diplomatie camerounaise au service du nouvel ordre économique international. 1960-1981*, 2020.

Chrysostome CIJIKA KAYOMBO, *Histoire de la pédagogie. Lumière sur la pédagogie traditionnelle africaine*, 2020.

Olo Sib PALE, *Au cœur d'une administration douanière africaine*, 2020.

Thalès DJIMRASSEM et Reoular NDIGMBAYEL, *Pour une éducation à la paix et au développement au Tchad,* 2020.

Firmin Marius Olivaint NYAMA (coord.), *La violence au Gabon*, 2020.

Fabrice MODOMPTE DEG-TIGUEY

LE CONTENTIEUX DES CONTRATS MINIERS ET PETROLIERS EN REPUBLIQUE CENTRAFRICAINE

Préface de Fleury Fulgence BANALE

L'Harmattan

5-7, rue de l'École-Polytechnique ; 75005 Paris

http://www.editions-harmattan.fr

ISBN : 978-2-343-21593-8

EAN : 9782343215938

PRÉFACE

Les ressources naturelles sont de plus en plus au cœur des préoccupations des systèmes juridiques des États, des Institutions internationales. En l'absence d'uniformisation du droit minier et pétrolier, les acteurs du secteur se taillent un régime juridique qui est aussi à l'origine des conflits. Les entreprises minières et pétrolières se battent pour l'exploitation pour faire fortune. L'analyse des conflits en République Centrafricaine place aussi en avant-garde les ressources naturelles. Pour éviter que l'exploitation des mines et du pétrole génèrent des hostilités, le législateur centrafricain à essayer de leur donner un cadre juridique approprié. Ainsi, la formation des conventions minières ou des contrats pétroliers est fortement encadré par l'ordonnance n° 93.007 du 25 mai 1993 portant code pétrolier et la loi n° 09.005 du 29 avril 2009 portant code minier de la République centrafricaine. Les canons de ces instruments sectoriels de droit interne ne sont pas tous exempts de failles. L'article 6 al 1 du code pétrolier par exemple énonce que « Sous réserve des droits acquis, le Ministre décide des zones ouvertes sur lesquelles peuvent être conclus des contrats pétroliers ou, le cas échéant, octroyées des autorisations de prospection ». L'article attribue la même compétence au Ministre des mines dans le secteur minier. L'action du Chef de l'Etat par la publication d'un décret permet de donner force de loi à l'exécution des contrats signés par le Ministre des Mines au nom de l'Etat centrafricain et les sociétés ou les investisseurs. Une telle procédure n'est pas exempte des risques de corruption et de la non-participation effective des populations à la gestion transparente des ressources naturelles. L'actualité récente de la République Centrafricaine sur l'exploitation de l'or par les entreprises chinoises illustre démontre à suffisance à cette situation. En cas de violations des Droits de l'Homme (DH), l'action de contrôle que nous avons vu est la convocation du Chef de Gouvernement par l'Assemblée Nationale, cela se passe comme l'intervention d'un médecin après la mort.

Cet ouvrage prend en compte cet aspect fondamental et vital de la question des contrats minier et pétrolier, invitant ainsi à un contrôle du Parlement, à une constitutionalisation desdits contrats. La mise en place d'une structure appropriée de négociation des contrats en raison de la complexité de l'exploitation des ressources naturelles est aussi un complément de taille pour prévenir le contentieux pétrolier et minier. Quant à la phase contentieuse proprement dite, l'Etat et les entreprises s'accordent pour soumettre leurs différends à l'arbitrage.

Le lecteur est donc invité à découvrir par lui-même l'ingénierie juridique de l'ouvrage sur cette question.

Fleury Fulgence BANALE
Expert en droits de l'homme

PRINCIPALES ABRÉVIATIONS

AII :	Accord International d'Investissement
Al. :	Alinéa
AU :	Acte Uniforme
AUA :	Acte Uniforme relatif au droit d'Arbitrage
CBGE :	Commercial Bank Guniea Ecuatorial
CCJA :	Cour Commune de Justice et d'Arbitrage
CEMAC :	Communauté Économique et Monétaire des États de l'Afrique Centrale
CIRDI :	Centre International de Règlement de Différends relatif aux Investissements
CTI :	Commission Technique Interministérielle
ICC :	International Chambre of Commerce
IMC :	Industrie Minière de Centrafrique

LGDJ :	Librairie Générale de Droit et de Jurisprudence
MARD :	Mode Alternatif de Règlement des Différends
OHADA :	Organisation pour l'Harmonisation en Afrique du Droit des Affaires
PUA :	Presses Universitaires d'Afrique
PUF :	Presses Universitaires de France
RCA :	République Centrafricaine
RED :	Règlement Extrajudiciaire des Différends
SARL :	Société à Responsabilité Limitée
USAF :	Unité Spéciale de police Anti-Fraude

INTRODUCTION GÉNÉRALE

L'évolution des activités économiques ne cesse de transformer les règles de droit[1]. Cette évolution ouvre l'horizon à une émergence des contrats spécifiques[2] au domaine économique. Dans cette catégorie des contrats spécifiques, les contrats miniers et pétroliers y prennent place au premier rang[3]. La spécificité des contrats miniers et pétroliers suppose une meilleure prise en charge des litiges pouvant résulter soit de leur conclusion soit de leur exécution[4]. Ces litiges interviennent dans les différentes phases de l'exploration, de l'exploitation et de celle de la commercialisation et menacent la continuité des contrats. La recherche des solutions relatives aux différends nés ou pouvant naître dans un contrat minier et pétrolier coûte extrêmement cher à l'État centrafricain ainsi qu'aux investisseurs. Parfois, les décisions rendues dans un litige opposant l'État et les investisseurs provoquent des

---

1 PAILLUSEAU (J.), « Comment les activités économiques révolutionnent le droit et les théories juridiques : révolution dans les approches et raisonnements juridiques », *Recueil Dalloz*, n°18, 18 mai 2017, pp. 1004-1010.

2 BALAR (N.), « Réforme du droit des contrats : les conflits entre droit commun et droit spécial ? », *Recueil Dalloz,* 26 mars 2015, n° 12, pp. 699-701.

3 La République Centrafricaine, étant un pays importateur des capitaux, les contrats miniers et pétroliers permettent d'attirer les investisseurs étrangers. Les contrats miniers et pétroliers constituent une nouvelle catégorie des accords de développement entre l'État et les investisseurs.

4 NGANDO LOBE (A.N.J.), *La spécificité du contrat pétrolier en droit camerounais*, Mémoire de Master IJEA, Faculté de Sciences Juridiques et Politiques, Université de Dschang, 2013/2014. Le contrat pétrolier présente quelques caractéristiques dont les principales concernent une activité d'industrie aléatoire, un investissement coûteux, une industrie avec un caractère international et un encadrement juridique plus spécifique tant au niveau interne et international. La présence de l'État dans le contrat lui donne une force exorbitante du droit commun.

désaccords tant sur le plan interne qu'international ou peuvent compromettre la volonté des parties qui souhaitent maintenir des relations contractuelles. Ainsi, le recours de l'État centrafricain et des exploitants privés, en cas de survenance d'un litige devant les tribunaux étatiques ou arbitraux, démontre la finesse et la délicatesse des contrats miniers et pétroliers.

La République centrafricaine (RCA) est un pays enclavé d'une superficie de 623 000 km². Elle possède des frontières communes, à l'Ouest avec le Cameroun, au Sud avec la République démocratique du Congo (RDC) et la République du Congo, à l'Est avec le Soudan du Nord et le Soudan du Sud, et au Nord avec la République du Tchad. La population, à majorité rurale, était estimée à 4,5 millions d'habitants en 2011. Près de la moitié de la population est âgée de moins de 18 ans. Bangui est la capitale et abrite environ 16% de la population totale. Du fait de sa diversité climatique (forêt dense humide au sud, pseudo-steppe au nord), la RCA possède une faune et une flore riches et variées. Elle possède également un réseau hydrographique dense, et d'énormes ressources forestières, minières et pétrolières.

Pour promouvoir l'exploitation de ses ressources, notamment des mines et du pétrole, l'État centrafricain conclut des contrats qui donnent un droit d'accès aux ressources minérales. Il s'agit des contrats miniers et pétroliers. Ces contrats sont qualifiés de plusieurs manières : « Entente sur l'exploitation des ressources minérales », « Accord d'exploration et d'exploitation », « Accord sur l'investissement minier », « Contrat d'extraction minière », « Convention minière », « Concession minière »[5]. L'absence de qualification

[5] Il convient de rappeler d'avance dans ce cadre d'étude de ne pas s'arrêter sur le nom et l'apparence de l'appellation de la convention qui

précise peut présenter des dangers, notamment en cas de survenance d'un litige. Mais, la présence d'une partie, le plus souvent une entreprise étrangère[6], les soumet au droit international[7] en raison d'importants investissements étrangers qu'ils drainent.

L'effort de soumettre les opérations minières et pétrolières à un contrat permet de sécuriser les relations issues de la liberté contractuelle afin d'élaborer les obligations liées à leurs besoins. C'est en ce sens que l'on peut classer les contrats miniers et pétroliers dans la catégorie des contrats de concession[8] mais qui se

---

n'a pas une grande portée significative mais plutôt des relations en présence.

[6] Dans les définitions des termes à l'article 1 de la loi n°09.005 du 29 avril 2009 portant code minier, le législateur minier centrafricain n'a pas spécifié que la société d'exploitation est une société nationale mais plutôt une société de droit centrafricain régie par les dispositions de l'Acte Uniforme relatif au Droit des Sociétés Commerciales et du Groupement d'Intérêt Economique. L'absence d'une telle désignation laisse les opportunités aux investisseurs étrangers de constituer librement une société d'exploitation minière. Cela justifie même que présentement, les sociétés d'exploitation demeurent encore constituées essentiellement des capitaux étrangers.

[7] Les contrats miniers et pétroliers revêtent un caractère international en ce sens qu'ils entraînent « un double mouvement de flux et reflux » tiré de l'arrêt de la Cour de cassation française du 17 mai 1927. En s'appuyant sur un critère juridique, l'on peut affirmer que les contrats miniers et pétroliers sont un contrat international en raison de leur rattachement à des normes émanant d'Etats différents et en tenant aussi en compte le moment de la formation ou l'exécution des différentes obligations des parties. Voir GOURION (P.-A.) et PEYRARD (G.), *Droit du commerce international,* 2ème éd., L.G.D.J, Paris, 1997, pp. 95-97 ; lire également KENFACK (H.), *Droit du commerce international,* 2ème édition, Dalloz, Paris, 2006.

[8] Les contrats de concession ne sont pas des contrats de vente au sens de l'article 30 de la convention de Vienne du 11 avril 1980, qui dispose notamment que le vendeur s'oblige à transférer la propriété des marchandises, en ce sens que la concession n'opère en soi aucun

distinguent des contrats de concession en pratique dans l'ordre juridique interne[9].

Les contrats miniers et pétroliers, pour ainsi dire, portent, pour l'essentiel, sur l'exploitation des ressources naturelles selon les dispositions de l'ordonnance n° 93.007 du 25 mai 1993 portant code pétrolier et la loi n° 09.005 du 29 avril 2009 portant code minier de la République centrafricaine. L'exploitation désigne toute activité d'extraction de substances minérales, par n'importe quel procédé ou méthode, du sol ou du sous-sol. Elle comprend toutes opérations directes ou indirectes nécessaires qui s'y rapportent comme les travaux préparatoires, l'exploitation proprement dite, l'installation et l'utilisation de facilités de traitement, d'enrichissement et de transformation de ces substances. Elle peut être artisanale, semi-mécanisée ou industrielle en ce qui concerne les mines solides. Mais pour cette étude, il s'agit d'exploitation industrielle.

Nonobstant leur diverse appellation, les contrats pétroliers et miniers peuvent revêtir deux caractéristiques.

Dans un premier temps, les contrats miniers et pétroliers sont des instruments de prévention et d'anticipation[10] sur le cours des événements ou des prestations[11] d'exploration ou

---

transfert de propriété. Lire en ce sens SAYAG (A.), *Le contrat cadre, 1-Exploration comparative*, Litec, Paris, 1994, p. 256.

[9] Le contrat de concession est un contrat fortement marqué par les clauses d'exclusivité dont la partie qui s'engage s'interdit de concurrencer le cocontractant dans son activité.

[10] WATCHO, née KEUGONG NGUEKEN (R.S), *Le droit commun des contrats à l'émergence des droits communautaires africains,* Thèse, FSJP, Université de Dschang, janvier 2009, p. 1.

[10] LECUYER (H.), « Le contrat, acte de prévention », Mélanges en hommage à François TERRE, *L'avenir du droit,* PUF, Dalloz, Paris, 1999, pp. 643-660 ; MASAMBA MAKELA (R.), « L'impossible et le contrat », *Juridis périodique,* n°102, Avril-Mai-Juin 2015, pp. 110-14.

[11] AWOUNANG KALLA (H.H.), *La gestion des risques dans la formation du contrat de vente,* Mémoire de Master, IJEA, FSJP, Université de Dschang, octobre 2015 ; dans les phases de négociation,

d'exploitation. Comme pour tout contrat, l'article 1101 Code civil qui dispose *« Le contrat est une convention par laquelle une ou plusieurs personnes s'obligent, envers une ou plusieurs autres, à donner, à faire ou à ne pas faire quelque chose »* est applicable aux contrats minier et pétrolier. C'est aussi dire que dès lors qu'ils sont formés, les contrats miniers et pétroliers acquièrent une force obligatoire. Le respect de la loi contractuelle préside dans l'exécution de tous les aspects sous peine de sanction et constitue une exigence essentielle qui s'inscrit dans la lignée de l'adage *pacta sunt servanda*[12].

Dans un second temps, les contrats miniers et pétroliers sont des contrats spécifiques dans la mesure où l'État s'engage avec toute sa souveraineté. Ils sont qualifiés des contrats d'État[13]. Cette spécificité se caractérise par la présence inconditionnelle de l'État souverain qui est seul capable de conclure des contrats portant sur les ressources naturelles[14] et qui exerce un droit de propriété[15]. L'exploitant privé ou l'investisseur étranger, quant à lui, doit se constituer en société commerciale agréée par l'État

---

de conclusion ou d'exécution du contrat, de vente par exemples, divers risques pèsent sur les parties dont l'objet consiste à se protéger à travers le respect des stipulations.

[12] FAGES (B.), *Droit des obligations,* 4ème édition, LGDJ, Paris, juillet 2013, p. 180, n° 213.

[13] LAURIOL (T.) et RAYNAUD (E.), *Le droit pétrolier et minier en Afrique,* L.G.D.J édition lextenso, Paris 2016, p. 346, n° 749. Il en ressort qu'à la différence du contrat administratif, marqué par la prééminence de la partie étatique, les contrats d'États se caractérisent par la volonté d'établir une certaine égalité juridique entre l'État et son cocontractant privé étranger les contrats conclus par l'Etat souverain avec une personne de droit privée étrangère sont des contrats conclus en dehors de son ordre juridique, là où les contrats passés par l'État-administration appartiennent à l'ordre juridique interne.

[14] NGANDO LOBE (A.N.J.), *La spécificité du contrat pétrolier en droit camerounais*, précité, p. 11 suivant.

[15] Article 80 de la Constitution centrafricaine du 30 mars 2016.

d'accueil avec des obligations propres dérogatoires des contrats du droit commun[16]. Les contrats d'État appliqués au secteur minier et pétrolier présentent une profonde spécificité dont l'origine remonte au 20ème siècle. Le but était de préserver la continuité de l'exploitation en cas du départ d'un des exploitants initiaux[17]. Ceci en raison d'importants flux financiers. Ainsi, les contrats miniers et pétroliers sont, à l'instar des autres accords portant sur les biens d'équipement durable ou de fourniture des divers services, des accords internationaux d'investissement (AII). L'extension des AII aux contrats miniers et pétroliers déplace le champ de leur contentieux de l'interne à l'international.

Placé parmi les AII, le contentieux de l'activité minière (entendue à la fois mine et pétrole) est de plus en plus complexe, diversifié et spécifique. Sa place est très significative au point que des entreprises[18] et des institutions publiques même privées lui consacrent tout un service à l'exemple de la Cellule des requêtes et du contentieux du ministère des mines et de développement technologique au Cameroun.

Dans les opérations d'exploitation des mines et du pétrole, le contentieux pouvant naître présente une unité en raison de leur mode de conclusion et d'exécution. Ainsi, le contentieux minier et pétrolier est, sans se concentrer sur les litiges des tiers aux contrats, l'ensemble des techniques de traitement des litiges opposant l'État et les sociétés

---

[16] Le législateur minier centrafricain exige que les sociétés d'exploitation soient constituées sous la forme des sociétés commerciales de l'Acte Uniforme relatif au Droit des Sociétés Commerciales et du Groupement d'Intérêt Economique en ses articles 4 et 6.

[17] LAURIOL (T.) et RAYNAUD (E.), *Le droit pétrolier et minier en Afrique,* L.G.D.J édition Lextenso, Paris 2016, p. 228, n° 453.

[18] Dans les entreprises, ces services prennent souvent l'appellation du ''Service du Contentieux''.

d'exploitation des mines et du pétrole. Il regroupe l'ensemble des règles applicables à la solution des litiges soulevés par l'activité minière et pétrolière. Il porte, pour l'essentiel, sur les lois qui peuvent être nationales ou transnationales et les obligations applicables à l'activité d'exploitation des ressources minières et pétrolières. Il s'agit alors de l'ensemble de la manière de conduire l'éventualité ou la violation des normes et d'obligations issues des contrats miniers et pétroliers.

Dans cette perspective de mieux conduire le contentieux minier et pétrolier, le législateur centrafricain a anticipé sur le contentieux en le règlementant sous l'appellation de différend ou litige dans le code pétrolier aux articles 32 et 82 et le code minier aux articles 94 et 191. Le différend ou le litige exprime dans les codes tout désaccord susceptible de naître entre les parties. Mais, les codes n'ont pas donné le contenu des différends ou des litiges. D'où la difficulté de retenir une définition précise et complète du contentieux relatif à l'activité extractive. Toutefois, il convient de rappeler que le législateur a fait un effort de distinguer dans le code minier de 2009 la nature des différends qui peut être technique ou non technique. Mais, le silence du législateur sur le contenu des différends exige que l'on reparte à l'analyse du contentieux dans son origine latine *contendere,* qui signifie mettre aux prises et qui évoque les difficultés que soulèvent les rapports entre les parties défendant les intérêts contraires devant une juridiction[19].

En cela, le contentieux des contrats pétroliers et miniers peut se situer dans deux hypothèses distinctes. Le premier cas de contentieux est relatif à l'ensemble des termes contractuels encadrés et négociés pendant la formation des contrats. Le second cas de contentieux peut survenir au cours de l'exécution du contrat. Il peut s'agir de

[19] GUINCHARD (S.) et DEBARD (T.) (dir.), *Lexique des termes juridiques,* 2ème édition, Dalloz, Paris, 2015, p. 268.

l'inexécution des clauses contractuelles, source d'obligation entre les parties, ou des infractions et délits relevant de la compétence des juridictions.

S'agissant du contentieux relatif à l'exécution d'obligations contractuelles, les investisseurs étrangers ont une préférence accrue aux modes alternatifs de règlement des différends (MARD) par rapport à la justice étatique[20] d'une part. De même, l'État, en s'engageant en dépit de sa souveraineté dans la relation économique avec les investisseurs étrangers, peut trouver inconcevable de se voir attraire devant une autre juridiction que de son ordre juridique d'autre part. Dans ce sens, l'arbitrage institutionnel devient la meilleure voie de règlement des différends entre l'État et les investisseurs[21].

Ainsi, la recherche de la solution aux différends pouvant naître exige des parties d'insérer une clause compromissoire[22]. Renforcer avec l'avènement du droit OHADA[23], en particulier l'Acte uniforme relatif à

---

[20] SOSSA (D.C.), « L'extension de l'arbitralité objective aux accords de développement économique dans l'espace OHADA », *Penant,* n°884, juillet-septembre 2013, pp. 269-314.

[21] SOSSA C. (D.), « L'extension de l'arbitralité objective aux accords de développement économique dans l'espace OHADA », précité, p. 275.

[22] La clause compromissoire est la convention par laquelle les parties s'engagent à soumettre à l'arbitrage les différends pouvant naître ou résulter d'un rapport d'ordre contractuel.

[23] Organisation pour l'Harmonisation en Afrique du Droit des Affaires. Traité signé à Port Louis le 17 octobre 1993 par les Républiques : du Bénin, du Burkina Faso, du Cameroun, du Centrafrique, du Congo, de Côte d'Ivoire, des Comores, du Gabon, de la Guinée Équatoriale, du Mali, du Niger, du Sénégal, du Tchad et du Togo puis révisé le 17 octobre 2008 à Québec. Elle a pour objet l'harmonisation du droit des affaires dans les États parties par l'élaboration et l'adoption des règles communes simples, modernes et adaptées à la situation de leurs économies, par la mise en œuvre du de procédure judiciaire appropriée et par l'encouragement au recours à l'arbitrage pour le règlement des différends contractuels (article 21 du Traité).

l'arbitrage, toute personne morale ou physique peut recourir à l'arbitrage sur les droits dont elle à la libre disposition[24]. Le progrès ainsi réalisé se manifeste également par l'ouverture des États parties de l'OHADA à l'arbitrage[25]. Cette application effective de la capacité compromissoire des États parties de l'espace OHADA participe à la protection des investisseurs privés[26].

Émergeant dans un cadre complexe et particulier, la résolution du contentieux des contrats miniers et pétroliers comporte des particularités tant par rapport aux lois applicables à la fois au droit interne de l'État d'accueil qu'aux juridictions compétentes[27]. Dans ce sens, deux modes de juridiction cohabitent : la juridiction étatique et la juridiction arbitrale.

Pour ce faire, le code pétrolier et le code minier ont consacré le partage de la compétence en ce qui concerne le règlement des différends des contrats minier et pétrolier et

---

[24] Article 2 AUA : « *Toute personne physique ou morale peut recourir à l'arbitrage sur les droits dont elle a la libre disposition* ».

[25] Article 2 al 2 AUA : « *Les États, les autres collectivités publiques territoriales, les établissements publics et toute autre personne morale de droit public peuvent également être parties à un arbitrage, quelle que soit la nature juridique du contrat, sans pouvoir invoquer leur propre droit pour contester l'arbitrabilité d'un différend, leur capacité à compromettre ou la validité de la convention d'arbitrage* ».

[26] CCJA, arrêt n°012/2011 du 29 novembre 2011, République de Guinée Équatoriale et la Communauté Monétaire des États d'Afrique Centrale c/ la Commercial Bank of Guinea Ecuatorial (CBGE), *Le juris OHODA* n°1, 2012, janvier-mars, p. 34 ; *Cahier de l'arbitrage* 2013-4, p. 1141, note A. NGWANZA.

[27] Les contrats miniers et pétroliers, s'inscrivant dans une période relativement longue, sont de véritables accords de développement économiques qui permettent au pays en voie de développement de bénéficier des investissements en termes de prestations ou de fournitures en même que l'assistance technique dans le domaine de la recherche et de l'exploitation des ressources naturelles. Devant de tels accords, la voie de résolution de litige privilégiée est l'arbitrage.

qui s'observent à deux niveaux. Le premier niveau est relatif aux différends de nature non technique, auxquels les parties peuvent choisir de soumettre la résolution à la juridiction centrafricaine compétente[28] ou au tribunal arbitral[29]. Le deuxième niveau concerne les litiges relevant des matières purement techniques lesquels sont soumis à la compétence exclusive du tribunal arbitral[30].

En soumettant le contentieux des contrats miniers et pétroliers à la juridiction étatique et l'arbitrage, l'on ne peut épuiser la question globale du traitement du contentieux. Par ailleurs, au regard des dispositions des codes pétrolier et minier avec le particularisme du secteur des ressources naturelles, la problématique du contentieux des contrats miniers et pétroliers est plus large.

---

[28] Article 192 de la loi n° 09.005 du 29 avril 2009 portant code minier centrafricain.

[29] Article 31 du Contrat de partage de production pour l'exploration et l'exploitation pétrolières entre l'État centrafricain et la société Dig-Oil du 21 novembre 2011.

[30] Article 13.17 et 18 de la convention minière entre l'État centrafricain et la société Zhigou Mining Centrafrique du 17 juin 2017.

PREMIÈRE PARTIE : LA PRÉVENTION DU CONTENTIEUX MINIER ET PÉTROLIER EN DROIT CENTRAFRICAIN

La prévention est une technique de prévision ou de protection qui se fait avant l'avènement d'un litige. Elle est plus une thérapie qui, loin de faire l'abstraction d'un litige, en assure la pleine gestion au moyen des techniques diversifiées *a posteriori*[31]. Dans le domaine des contrats miniers, la question est aussi très cruciale.

Les contrats miniers et pétroliers, comme tout autre contrat, sont un instrument qui se caractérise par sa capacité à anticiper sur le cours des événements qui peuvent survenir entre les parties qui sont en relation. Ils apportent une sécurité juridique aux parties qui entendent soumettre leur relation à une loi commune. Dans ce sillage, les contrats minier et pétrolier en sont une parfaite illustration du fait que la réalisation de l'objet comporte une part d'aléa.

Au regard de ce que les contrats miniers et pétroliers portent sur les ressources stratégiques[32], le législateur centrafricain leur a donné un encadrement particulier par les lois, les règlements et les arrêtés. Ceux-ci encadrent le mécanisme de la formation desdits contrats ainsi que de leur entrée en vigueur par une validation du pouvoir Exécutif. Le but est de pallier aux éventuelles contestations pouvant être soulevées à propos de la qualité de l'entité qui part en négociations au nom et engageant l'État.

---

[31] LECUYER (H.), « Le contrat, acte de prévention », précité, p. 644. La prévision se reconnaît par le fait qu'elle est formulée avant toute contestation ou tout événement susceptible d'ébranler l'équilibre d'une structure ou d'un acte juridique déterminé.

[32] L'importance stratégique des secteurs miniers et pétroliers ainsi que leur poids dans l'économie nationale a conduit à les exclure de la Loi n°01-010 du 16 juillet 2001 relative à la charte d'investissement en République centrafricaine.

Eu égard aux intérêts économiques, notamment le flux financier et matériel qui circulent entre les parties, il n'est pas douteux que les différends soient potentiellement importants. En prévention à ces différends qu'ils suscitent, les contrats miniers et pétroliers sont l'espace qui permet d'atténuer les contestations au moyen des techniques particulières élaborées par les parties[33].

Ainsi donc, au moment de la négociation, des pourparlers et de la conclusion des contrats miniers et pétroliers, les parties s'accordent à prévenir certains litiges particuliers aux moyens des clauses. Chacune des clauses anticipe et résout un litige particulier qui concerne des aspects théoriques que pratiques. Pour cela, le traitement préventif des contentieux est organisé de façon efficiente unilatéralement par l'État centrafricain d'une part (Chapitre 1) et par la voie conventionnelle en termes de la négociation des clauses particulières d'autre part (Chapitre 2).

---

[33] SAINT-MARTIN-DRUMOND (F.C.), « Le contrat comme instrument financier », Mélanges en hommage à François TERRE, *L'avenir du droit,* PUF, Dalloz, Paris, 1999, pp. 660s.

CHAPITRE 1 : L'EFFICIENCE DE LA PRÉVENTION UNILATÉRALE DU CONTENTIEUX PAR L'ÉTAT CENTRAFRICAIN

Les contrats miniers et pétroliers, en raison des spécificités qu'ils comportent, conduisent l'État à fixer au préalable certains éléments comme dans les contrats solennels. Un contrat est solennel lorsque la volonté des parties doit s'extérioriser dans une forme imposée sous peine d'invalidité. C'est dans ce sens que pour prévenir un éventuel litige lié à leur validité, l'État centrafricain, à travers les différentes lois, a organisé les conditions de formation des contrats miniers et pétroliers (Section 1) ainsi qu'un encadrement administratif de leur exécution (Section 2).

Section 1 : Les conditions rigoureuses de formation des contrats minier et pétrolier en RCA

La formation des contrats miniers et pétroliers est une étape essentielle pour la survie et la bonne exécution de ces conventions. Il est alors possible qu'au cours de cette étape, l'une des parties commette une faute pouvant entraîner la contestation de l'autre partie devant les juridictions. Pour cette raison, le caractère sélectif des contractants (Paragraphe 1) est une mesure permettant de contrôler le processus de la manifestation des volontés (Paragraphe 2).

Paragraphe 1 : Le caractère sélectif des contractants

Si la question de la qualification des contrats miniers et pétroliers a connu des avancées[34], celle de la qualité des parties demeure une grande préoccupation. Pour qu'ils soient valides, les contrats miniers et pétroliers doivent être nécessairement conclus par l'État (A) avec un cocontractant qui doit avoir une qualité spécifique (B).

A- La présence exigée de l'État

L'État centrafricain exerce une souveraineté permanente sur les ressources naturelles[35] tout comme certains États

---

[34] Les contrats miniers et pétroliers correspondent à des contrats nommés et réglementés en ce sens qu'ils sont encadrés par le code pétrolier de 1993 et le code minier de 2009. Toutefois, ce sont des contrats complexes du fait de la combinaison de plusieurs autres natures des contrats. Lire également NGANDO LOBE (A.N.J.), *La spécificité du contrat pétrolier en droit camerounais*, précité.

[35] L'article 4 al 1 de la loi n° 93.007 portant code pétrolier de la RCA énonce en ces termes *: « L'État exerce sur l'ensemble du territoire de la République Centrafricaine des droits souverains aux fins de la*

africains exploitant les mines et le pétrole[36]. Cette souveraineté de l'État se manifeste à travers la volonté d'assurer un plein contrôle sur la gestion de ces ressources et d'en maximiser les rendements.

Cela lui confère un monopole dans la conclusion des contrats du domaine au sens de l'article 5 du code pétrolier de 1993 qui dispose : *« L'État peut entreprendre toutes activités pétrolières : a) soit directement, par lui-même ou par une société d'État ; b) soit au moyen de la conclusion avec toute entreprise qualifiée de contrats pétroliers, dans les conditions fixées dans la présente ordonnance »*. La présence de l'État est dès lors directe à travers l'intervention d'une société d'État ou indirecte de par la conclusion d'un contrat avec une entreprise pétrolière.

La présence de l'État avec sa souveraineté est une condition invariablement exigée pour la validité des contrats miniers et pétroliers. Elle permet également de qualifier ces types de contrats et de les mettre dans la catégorie des contrats d'État[37]. Dès lors, il ressort de ces types de contrat un régime d'ordre régalien où l'État seul a le droit de procéder par voie législative ou réglementaire à

---

prospection, de la recherche, de l'exploitation et du transport des hydrocarbures ».

[36] C'est le cas du Cameroun. En effet, l'article 5 al 1 de la loi n° 2016/017 du 14 décembre 2016 dispose : *« Les substances minérales contenues dans le sol et le sous-sol du territoire de la République du Cameroun et son plateau continental sont la propriété de l'État qui y exerce des droits souverains ».*

[37] LAURIOL (T.) et RAYNAUD (E.), *Le droit pétrolier et minier en Afrique,* précité, p. 346. Il en ressort qu'à la différence du contrat administratif, marqué par la forte présence de l'État ou de ses émanations, les contrats d'États se caractérisent par la volonté d'établir une certaine égalité juridique entre l'État et son cocontractant privé étranger. Les contrats conclus par l'État souverain avec une personne de droit privé étrangère sont des contrats conclus en dehors de son ordre juridique, là où les contrats passés par l'État-administration appartiennent à l'ordre juridique interne.

l'établissement des règles d'attribution et d'exploitation. Un tel régime permet au contractant de l'État d'obtenir une sécurité dans la signature des contrats miniers et pétroliers.

Toutefois, la question de la présence exigée de l'État dans les contrats miniers et pétroliers n'est pas épuisée en ce sens que les organes représentatifs de l'État posent encore des difficultés. Dans une approche pratique, l'État centrafricain avait dénoncé un contrat pétrolier signé le 17 décembre 1999 et entré en vigueur le 24 novembre 2000 avec la RSM Production Corporation[38] en objectant que le représentant de l'État n'avait pas la qualité[39].

Pour résoudre cette difficulté, le code minier centrafricain de 2009 en son article 54 attribue la compétence au ministre chargé des mines pour conduire les négociations. Face au silence des codes sur la délégation du pouvoir de négociation ou du mandat, pour plus de célérité et de sécurité, la négociation peut être conduite par des cabinets spécialisés sous le contrôle du ministre chargé des mines.

B- La qualité spécifique du cocontractant de l'État

Le cocontractant de l'État est déterminé à travers un certain nombre d'exigences. La qualité de cocontractant peut correspondre à la capacité en droit civil[40] mais prise dans une spécificité liée aux opérations minières et pétrolières. Ainsi, l'on peut distinguer deux éléments exigés au cocontractant de l'État pour être apte à contracter : être une société commerciale constituée selon le droit

---

[38] Société enregistrée au Texas, États-Unis, dont le siège social est sis 3600 South Yosemite Street, Suite 900, Denver, Colorado 80237.

[39] Sentence arbitrale du CIRDI, Affaire No. ARB/07/02 du 07 décembre 2010, disponible sur www.italaw.com/sites/default/files/case...

[40] L'article 1123 du code civil pose pour règle que *« toute personne peut contracter si elle n'en est pas déclarée incapable par la loi »*.

centrafricain et satisfaire aux capacités techniques et financières.

Une société est commerciale lorsque deux ou plusieurs personnes décident de mettre en commun des biens ou leur industrie dans le but de partager les bénéfices, les économies ou les pertes. La société ainsi constituée acquiert la personnalité morale et se distingue de ses membres. Elle lui permet d'avoir la pleine capacité juridique. Elles sont alors titulaires de droits et d'obligations. Étant dans cette perspective, le code pétrolier centrafricain en vigueur énonce des conditions en son article 7 al 1 : *« Les contrats pétroliers, les titres miniers d'hydrocarbures et les autorisations de prospection ne peuvent être attribués qu'à une société commerciale ou, conjointement, à plusieurs sociétés commerciales, de droit centrafricain ou étranger »*. Or pour être considérée comme société commerciale[41], il faut avoir la personnalité morale. C'est ainsi qu'on peut voir dans cet article, en plus du caractère commercial et la consécration du droit des sociétés commerciales centrafricain, l'ouverture de l'exploitation des mines et du pétrole aux entreprises étrangères. Cela justifie l'intervention dominante des compagnies transnationales sur les investisseurs locaux. Mais en pratique, il y a une particularité en ce sens que le siège social de ces entreprises se trouve sur le territoire centrafricain, par contre, la direction ou les décisions viennent des maisons mères. C'est le cas de la société DIG-

[41] L'article 4 de l'Acte Uniforme relatif au droit des Sociétés Commerciales et du Groupement d'Intérêt Économique (AUSCGIE) donne la définition suivante : *« la société commerciale est créée par deux ou plusieurs personnes qui conviennent, par un contrat, d'affecter à une activité des biens en numéraire ou en nature, ou de l'industrie dans le but de partager le bénéfice ou de profiter de l'économie qui pourra en résulter. Les associés s'engagent à contribuer aux pertes dans les conditions prévues par le présent Acte uniforme. La société commerciale doit être créée dans l'intérêt commun des associés »*.

OIL, Zhigou Mining Centrafrique ou de l'Industrie Minière de Centrafrique (IMC).

Cependant, le code minier de 2009, énonce dans son article 48 al 1, en plus du caractère commercial des entreprises, pose certaines restrictions à savoir l'exclusion des sociétés en redressement ou en liquidation ou en faillite. Par ailleurs, le même article 48 al 3 exclut certaines catégories de personnes : *« Aucun Membre du Gouvernement, aucun Député, aucune autorité administrative civile ou militaire, aucun fonctionnaire ou agent de l'État, aucun militaire en fonction ne peut se livrer à l'exploration, à la recherche, à l'exploitation, à la collecte, à la détention, au transport et à la commercialisation des substances minérales, ni prendre une participation dans une société quelconque »*. Ces dispositions constituent un véritable assainissement du milieu de l'exploitation des mines. Toutefois, cet effort est encore inachevé en raison de l'absence de suivi et de contrôle. Il est important que l'interdiction s'étende à l'activité par des personnes interposées pour atteindre l'incapacité des personnes susvisées.

En ce qui concerne la capacité technique et financière, la puissance des entreprises étrangères est loin d'être négligée. Elles disposent d'une industrie forte, moderne et diversifiée au point d'exploiter des minerais qui n'ont pas fait l'objet de permis d'exploitation à l'insu du ministère des mines. Aussi, les entreprises locales qui exercent à petite échelle les opérations minières dépendent en grande partie des capitaux étrangers.

Ainsi, le paysage minier centrafricain est marqué par un déséquilibre significatif tant en raison de l'intervention dominante des sociétés d'exploitation étrangères que financières ce qui influe également sur les termes de négociation des contrats. Ainsi, les contrats miniers et pétroliers doivent être signés par des entreprises étrangères jointes aux autres entreprises nationales afin de promouvoir l'exploitation locale. Toutefois, le respect de ces règles concourt à une prévention efficace des différends pouvant naître de l'absence d'une telle qualité ou capacité.

Paragraphe 2 : Le contrôle de la manifestation des volontés

De manière générale, il est évident que les contrats ne peuvent se conclure qu'avec le consentement des parties[42]. Étant donné que l'accord des volontés est indispensable à la formation d'un contrat, même s'il peut faire l'objet d'un contentieux important, il est utile de s'attarder sur le processus ayant permis de considérer les contrats miniers et pétroliers comme définitivement formés. Ainsi, la formation desdits contrats est subordonnée à l'accomplissement d'une formalité. Toutefois avant d'étudier le processus, il est important de faire un rappel sur la notion de l'offre dans le secteur minier et pétrolier.

La notion de l'offre consiste principalement à une invitation à entrer en pourparlers par lesquels l'État centrafricain entend simplement ouvrir des négociations avec tout investisseur ayant satisfait aux précédentes conditions de capacité. Contrairement au contrat public d'affaire où l'offre est ouverte à tous les soumissionnaires avec égalité de traitement[43], l'État peut décider de faire un appel d'offre restreint ou à personne déterminée. Dans la pratique, l'offre est adressée à un destinataire précis se

---

[42] MEKKI (M.), « Droit des contrats », *Recueil Dalloz*, 16 février 2017, n° 7, p. 375 et suivant ; AMRANI-MEKKI (S.), « Droit des contrats », *Recueil Dalloz*, 14 mars 2014, n° 10, p. 630 et suivant.

[43] Loi n° 08-017 du 6 juin 2008 portant Code des marchés publics et délégations de service public en République Centrafricaine. Voir également Décret n° 2004/275 du 24 septembre 2004 portant code des marchés publics au Cameroun.

rapprochant de la procédure de gré à gré. Pour réduire la probabilité de survenance de contestation sur les contrats miniers et pétroliers, le législateur minier centrafricain a mis en place des mesures préventives de validation de l'investisseur privé (A) et la validation par le pouvoir Exécutif centrafricain (B).

A- La validation du contrat par le contractant privé

La validation des contrats miniers et pétroliers doit être conforme aux règles de capacité et de contenu. La règle de capacité étant développée plus haut, il convient d'étudier le contenu à travers l'obligation précontractuelle d'information et d'acceptation.

L'information précontractuelle dans le secteur des mines et du pétrole est essentielle en ce sens qu'il est appliqué aux contrats miniers et pétroliers, *mutatis mutandis*, les conditions des contrats d'adhésion. De manière concrète, l'administration des mines rédige un contrat-type qui est proposé aux investisseurs dans les offres. Leur rédaction fait l'objet d'une attention particulière car il est indispensable d'encadrer la future relation contractuelle. Tout en s'adaptant à chaque cas envisagé, le contrat type du domaine des mines et du pétrole offre une sécurité suffisante aux cocontractants afin d'en faciliter la bonne exécution.

En l'espèce, l'utilité du contrat-type est manifeste dans les contrats miniers et pétroliers. Elle permet la standardisation, simplifie la conclusion et crée de véritables règles interprétatives ou supplétives des contrats. C'est ainsi que l'on retrouve dans les contrats miniers et pétroliers en cours en RCA, des conditions générales définissant les termes essentiels des contrats tel le contrat entre la RCA et la société DIG-OIL du 21 novembre 2011 relatif à l'exploration et l'exploitation pétrolières au Nord et la convention minière entre l'État centrafricain et la société Zhigou Mining Centrafrique du 19 juin 2017.

Les conditions générales de ces contrats sont rédigées par des professionnels, ce qui présente un intérêt quant à la cohérence des stipulations. Cette cohérence réduit le risque de la survenance du contentieux en ce sens que les stipulations ne peuvent se contredire au détriment des investisseurs et des contrats[44]. Rappelons aussi que les investisseurs privés, souvent des sociétés transnationales, se font assister par des cabinets dont l'expertise est reconnue sur le plan international et qui veille sur les conditions essentielles des contrats. Ce fait met l'État centrafricain dans une situation de déséquilibre.

L'acceptation, quant à elle, suppose que la partie cocontractante ait donné son accord sur les conditions générales qui sont portées à sa connaissance. En formalisant ces conditions, la signature du contrat sans contestation vaut acceptation des conditions générales comme l'atteste le préambule du contrat de partage de production de la société DIG-OIL et l'État centrafricain d'une part et l'exposé des motifs de la convention minière entre la République centrafricaine et Zhigou Mining Centrafrique d'autre part.

Pour réduire le fossé, il peut être suggéré que les négociations ou pourparlers soient encadrés par des conventions comme le protocole d'accord ou accord de principe pour qu'en cas de rupture, le juge puisse retenir aussi tôt la faute afin d'engager la responsabilité.

---

[44] Lire STORCK (M.), « L'obligation de cohérence dans l'information précontractuelle : l'éclairage du droit des marchés financiers », *in*, ANOUKAHA (F.), OLINGA (A.D.) (dir.), *L'obligation, Études offertes au Professeur Paul Gérard POUGOUÉ,* Harmattan, Cameroun, 2015, pp 893-906.

B- La validation par le pouvoir exécutif des contrats miniers et

On sait qu'au bout des pourparlers, les contrats sont signés par les parties. Dans le cadre des pétroliers contrats miniers, la validation intervient par étape. Il s'agit de l'octroi de l'autorisation par le ministre et d'une validation par le Président de la République.

S'agissant de la validation exécutive, les dispositions des codes minier et pétrolier donnent un pouvoir discrétionnaire au ministre chargé des mines. L'article 6 al 1 du code pétrolier énonce que *« Sous réserve des droits acquis, le Ministre décide des zones ouvertes sur lesquelles peuvent être conclus des contrats pétroliers ou, le cas échéant, octroyées des autorisations de prospection »*. Plus particulièrement, en s'éloignant de la règle du droit commun, le refus de contracter pour l'État représenté par le ministre chargé des mines ne donne droit à aucune indemnité de l'investisseur (article 6 al 2 du code pétrolier). Puis le code minier en son article 54 attribue la compétence audit ministre.

Une fois le ministre des mines, ayant apprécié discrétionnairement la capacité du cocontractant et signé la convention, celle-ci entre en vigueur par un décret pris par le Président de la République. À titre d'illustration, le Président de la République a pris un décret le 17 juin 2017 attribuant deux permis généraux de recherche à la société IMC.

La procédure de validation telle qu'étudiée présente des risques de contestation par le Parlement qui se voit dépouillé de ses compétences en vertu de l'article 80 de la Constitution du 30 mars 2016 qui place les mines du domaine de la loi. De plus, la validation par le Président de la République présente l'opacité des contrats miniers et pétroliers pour le peuple alors que le peuple est le premier destinataire des contrats.

Pour favoriser la coopération dans l'exécution des contrats, il est souhaitable que les contrats miniers reçoivent l'approbation du Parlement afin de faciliter leur bonne exécution. Mais l'existence des services des contentieux dans le ministère contribuent à prévenir les contestations relatives aux contrats miniers et pétroliers.

Section 2 : L'encadrement administratif de l'exécution des contrats miniers et pétroliers

Il s'agit de la mise en place d'un mécanisme institutionnel pour le règlement extrajudiciaire des différends (RED) entre l'État et l'investisseur. L'objectif recherché par l'encadrement administratif est de prévenir la naissance ou encore d'éviter que le contentieux puisse prendre une grande dimension, compromettant la bonne exécution des contrats. Pour y parvenir, les parties disposent, en cas d'appel d'offres, des voies de recours administratifs préalables (Paragraphe 1). Il est aussi important que l'administration assure un contrôle préalable des activités minières et pétrolières (Paragraphe 2).

Paragraphe 1 : L'étendue des voies de recours administratifs préalables

Une spécificité est à relever à propos de l'attribution des permis d'exploitation du pétrole. L'article 6 al 2 et 3 du code pétrolier dispose que *« Le Ministre juge discrétionnairement des demandes ou offres de contrat pétrolier. Le refus n'ouvre au demandeur aucun droit de recours ou à indemnité. En cas de demandes ou offres concurrentes, sous réserve de droits antérieurs, aucune priorité ne peut être invoquée »*. Par contre, de la passation à l'exécution des contrats miniers, les exploitants privés disposent, selon la nécessité, de plusieurs voies de recours de nature administrative. L'attribution des titres miniers peut donner lieu à des désaccords lorsqu'il est fait un appel d'offres[45]. Mais eu égard aux dispositions du droit commun des marchés publics en RCA, les soumissionnaires peuvent exercer un recours administratif gracieux (A) ou solliciter l'intervention de la Commission Technique Interministérielle (B).

A- Le recours administratif gracieux

Il convient de signaler d'emblée dans cette analyse, l'imprécision ou l'impasse qui existe autour de l'appel d'offres dans le secteur minier. L'article 32 du code minier énonce : *« Lorsque l'intérêt public l'exige, le Ministre chargé des Mines peut, après accord du Conseil des Ministres, soumettre exceptionnellement à un appel d'offres, ouvert ou restreint, les droits miniers et de carrières portant sur un gisement considéré comme un actif d'une valeur importante, étudié, documenté ou éventuellement travaillé par les services de l'État ou qui ont été échus à l'État par suite de renonciation ou de retrait »*. L'appel d'offres intervient ici comme étant exceptionnel et est soumis à des règles spécifiques. À cet effet, le recours gracieux sera-t-il inadéquat ou adaptable ? La réponse avancée serait qu'une non-réponse à une situation de droit constitue une grave atteinte aux droits fondamentaux de l'homme[46].

[45] Article 32 du code minier.

[46] L'article 14 du Pacte International relatif aux Droits Civils et Politiques dispose que toute personne ait droit à ce que sa cause soit entendue. Lire également MPESSA (A.), « Une avancée dans l'accès à la justice administrative au Cameroun : la nouvelle formulation de la règle du recours gracieux, d'après l'article 17 de la loi n° 2006/22 du

En l'absence de la jurisprudence sur un tel vide juridique, les lacunes du droit positif sur le recours contre l'appel d'offres dans le secteur minier, le soumissionnaire peut, en raison de la qualité de l'autorité de passation de l'appel, exercer un recours gracieux. Ainsi, le recours gracieux, de par sa nature lui-même, est un moyen d'ordre public en ce qu'il protège la hiérarchie des actes de procédure[47].

À cet égard, le recours administratif gracieux est une invitation à la coopération offerte aux exploitants. Le soumissionnaire évincé, ayant réuni les conditions, adresse ses prétentions au ministre chargé des mines, lequel est l'autorité compétente.

Le recours gracieux constitue une forme de dialogue avec l'administration et les soumissionnaires de l'appel d'offres. Il permet d'atténuer la contestation née entre l'administration et les exploitants.

B- Le recours à la Commission Technique Interministérielle

Comme dans les marchés publics où il est institué un Comité de Règlement des Différends statuant comme autorité de recours non juridictionnel[48], lors de l'appel d'offre, il est établi une Commission Technique interministérielle (CTI) qui siège en fonction des faits comme commission de discipline ou comme commission de litiges.

---

29 décembre 2006 », *Revue Juridique et Politique des États francophones,* janvier-mars 2014, n° 1, pp. 43-77.

[47] *Idem*, p. 66.

[48] Article 107 de la Loi n° 08-017 du 6 juin 2008 portant Code des marchés publics et délégations de service public en République Centrafricaine.

La CTI est présidée par un représentant de la direction générale des marchés publics. Elle statue sur les contestations qui naissent de l'attribution des titres miniers. Les décisions de la CTI sont exécutoires et ont force contraignante pour les parties. Cette mesure ainsi prise permet de corriger les violations alléguées dans le processus d'attribution des titres miniers sur le périmètre objet de l'appel d'offres.

Dans sa fonction juridictionnelle, la CTI est saisie par dépôt direct, soit par lettre recommandée avec accusé de réception, soit par tout autre moyen défini dans les termes et les conditions de l'appel d'offres. Lorsque la CTI est saisie, toute autre action est suspendue jusqu'à ce qu'elle puisse statuer.

En ce qui concerne les délais de recours, il est fait application des délais relatifs aux contrats des marchés publics. Les décisions de la CTI peuvent faire l'objet d'un recours devant les juridictions de l'ordre administratif dans un délai de quinze jours calendaires à compter de sa notification au soumissionnaire. Ce recours n'a cependant pas d'effet suspensif. L'autorité de recours non juridictionnels peut s'autosaisir et statuer sur les irrégularités, fautes et infractions constatées sur le fondement des informations recueillies dans l'exercice de ses missions, ou de toute information communiquée par des autorités contractantes, des candidats ou des tiers.

L'attribution des titres miniers et pétroliers relève d'un acte administratif. Il s'agit de l'une des expressions de l'action administrative qui s'effectue dans cette étude à travers le contrat. Pour avoir accès aux ressources naturelles et procéder à leur extraction industrielle, l'État, par l'entremise du Ministère des mines, organise en toute souveraineté les conditions d'attribution. Cependant, le particularisme du régime des hydrocarbures écarte toute voie de recours même s'il est procédé par le mécanisme d'appel d'offres. Par contre, dans le secteur des mines solides, sur appréciation de l'utilité de l'intérêt général, les titres miniers peuvent être concédés par suite d'un appel d'offre restreint ou ouvert. Cela donne la possibilité aux voies de recours administratives.

Paragraphe 2 : Le contrôle institutionnel des activités minières

L'encadrement administratif des activités minières par les mesures législatives et réglementaires participe à la prévention des différends. Deux types de contrôle peuvent retenir l'attention : le contrôle administratif (A) et le contrôle technique (B) des travaux miniers.

A- Le raffermissement du contrôle administratif

La surveillance des activités minières relève principalement du ministre chargé des mines. Il est l'autorité principale au sens de l'article 108 du Code minier : *« Le Ministre chargé des Mines est responsable de l'application du Code Minier et de la promotion du secteur minier, sous réserve des dispositions en matière fiscale et douanière et en matière environnementale qui relèvent principalement des Ministères en charge des Finances, de l'Environnement, du Travail et de la Sécurité Sociale »*. Il assure le contrôle de l'activité minière avec les fonctionnaires et agents assermentés ou mandatés lesquels doivent prêter serment devant le tribunal de grande instance de la circonscription administrative.

Ce contrôle porte, pour l'essentiel, sur l'exécution des titres miniers de recherche et d'exploitation délivrés à leurs titulaires. Ils procèdent à un contrôle sur place et sur pièces afin de s'assurer de la conformité de l'activité minière ainsi que de la validité des titres miniers[49]. Ce contrôle a pour effet de garantir une jouissance effective des titres et par ricochet de sanctionner tout contrevenant aux dispositions légales et réglementaires. Les auteurs peuvent se voir retirer les titres comme sanction de l'inobservation des règles ou d'usage contraire à l'objet de l'autorisation des titres[50].

De même, le contrôle peut également porter sur la cession ou la transmission des titres entre plusieurs exploitants. Ce contrôle, assez strict, justifie que la loi ait d'abord interdit une telle opération sous réserve des règles de l'article 147 du code minier. Une telle prévention permet, à l'avance, d'encadrer toute ambition du fait que la transmission des titres d'un exploitant à l'autre est source de contentieux.

Le contrôle régulier dans le secteur minier participe du processus de la transparence et de la traçabilité du flux des produits miniers. Il permet de limiter les différends liés à des occupations irrégulières et d'apprécier l'étendue des obligations à la charge des titulaires.

B - Le durcissement du contrôle technique et financier des activités minières et pétrolières

La surveillance est davantage mise en œuvre pour les travaux techniques et les opérations financières.

Parlant du contrôle technique, l'administration des mines veille à ce que la demande ou l'exploitation des sites ne porte pas atteinte à l'environnement. En collaboration avec le ministre chargé de l'environnement, la délivrance

---

[49] LAURIOL (T.) et RAYNAUD (E.), *Le droit pétrolier et minier en Afrique,* précité, p. 336, n° 737s.

[50] BANDOKI (S.), *Le droit minier et pétrolier en Afrique*, Edilivre.com, Paris, 2008, p. 65s.

de l'agrément par le ministre chargé des mines doit être précédée d'une étude d'impact environnemental au sens de l'article 46 du Code minier *« Le titulaire d'un permis d'exploitation artisanale semi-mécanisée doit exploiter les substances minérales de façon rationnelle, en respectant les normes de santé publique et de sécurité au travail, de préservation de l'environnement et de commercialisation des produits conformément à la réglementation en vigueur »*. Également, le code pétrolier dispose de plusieurs articles relatifs à la protection de la sécurité publique et l'environnement tels que les articles 44 al. 1 ; 49 al. 2 et 56. Le dernier article précise en effet que les installations et les travaux doivent se faire en usage des techniques confirmées dans les industries pétrolières internationales et doivent de prendre toutes les mesures nécessaires destinées à la préservation de l'environnement[51]. Le pouvoir de police du ministre est élargi durant la période de l'exploitation mais la décision du retrait d'agrément émane de sa proposition au Président de la République qui prend un décret de retrait du titre.

---

[51] NEYRET (L.), « Le préjudice écologique : un levier pour la réforme du droit des obligations », *Recueil Dalloz*, 22 novembre 2012, n° 40, pp. 2673-2674 ; RAVIT (V.), « Réflexion sur le destin du préjudice écologique ''pur'' », *Dalloz*, 22 novembre 2012, n° 40, pp. 2675-2683 ; REBEYROL (V.), « L'environnement devant le Conseil constitutionnel : l'occasion manquée », *Recueil Dalloz*, 12 mai 2011, n° 18, pp. 1258-1261 ; FAUVARQUE-COSSON (B.), « L'entreprise, le droit des contrats et la lutte contre le changement climatique », *Recueil Dalloz*, 11 février 2016, n° 6, pp. 330 ; TREBULLE (F.G.), « La responsabilité environnementale, dix ans après l'entrée en vigueur de la charte », *AJDA*, 16 mars 2015, n°9/2015, pp. 503-507 ; (M.), « Le contrat environnemental », *Recueil Dalloz*, 29 janvier 2015, n° 4, pp. 217-223 ; HAUTERAU-BOUTONNET HAUTERAU-BOUTONNET (M.), « Le potentiel environnemental du droit civil révélé par la méconnaissance d'une obligation environnementale contractuelle », *Recueil Dalloz*, 22 mars 2012, n° 12, pp. 790-794.

En ce qui concerne le contrôle financier, l'audit est le moyen permettant à l'administration de vérifier la comptabilité de ces entreprises. L'instrument de vérification demeure le plan comptable OHADA accompagné des pièces justificatives[52].

[52] Journal officiel OHADA, numéro spécial, Acte uniforme relatif au droit comptable et à l'information financière et système comptable OHADA (SYSCOHADA), 15 février 2017, 1242 p.

CONCLUSION DU CHAPITRE 1

La souveraineté de l'État sur les ressources naturelles lui donne le plein pouvoir d'organiser le secteur minier. Il dispose de la capacité à pouvoir élaborer le cadre contractuel au moyen d'un modèle qui facilite la conclusion et qui prévient des éventuels contentieux lorsque ceux-ci sont rédigés de manière standardisée.

Par ailleurs, l'État met en place un mécanisme institutionnel pour prévenir la survenance des litiges ou, au moyen de la technique contractuelle, une clause de médiation qui donne compétence au service de contentieux du ministère des mines d'accompagner les litigants à la recherche d'une solution amiable. En plus, le contrôle administratif exercé dans le secteur minier permet de préserver l'intérêt général dont l'État fait corps.

CHAPITRE 2 : LA PRÉVENTION CONVENTIONNELLE DU CONTENTIEUX

Dans les contrats solennels tels que les contrats miniers et pétroliers, l'exigence de l'écrit sanctionne les inobservations de certaines mentions obligatoires. L'article 33 du Code pétrolier énumère 14 éléments constituant les mentions obligatoires. L'article 55 du Code minier, quant à lui, fixe quelques conditions essentielles à l'instar de la délimitation du périmètre des titres miniers, le bornage Nord-Sud et l'Est-Ouest. Mais les obligations qui en résultent sont si étendues que, pour protéger contre une inexécution, il est fait recours à une diversité de clauses préventives du droit commun des contrats (Section 1). Par contre, la spécificité des contrats miniers et pétroliers permet qu'on adopte des clauses particulières pour prévenir un certain nombre de différends d'inexécution (Section 2).

Section 1 : La diversité des clauses préventives dans les contentieux miniers et pétroliers

Les clauses contractuelles permettent aux parties de résoudre des problèmes spécifiques. En pratique, il existe plusieurs types de clauses. Pour le cadre d'étude des contrats miniers et pétroliers, quelques-unes seront explorées. Ces clauses présentent un intérêt particulier et contribuent à la protection de la pérennité du lien contractuel, c'est-à-dire elles permettent d'en assurer la stabilité au regard de la durée qui distingue ces contrats des autres types de contrat. Il s'agit de l'efficacité des clauses d'adaptations dans les contrats miniers et pétroliers (Paragraphe 1) ainsi que la clause liée au droit applicable (Paragraphe2).

Paragraphe 1 : L'efficacité des clauses d'adaptation des contrats miniers et pétroliers

L'une des facettes des contrats miniers et pétroliers est qu'ils comportent une part d'aléa, du hasard. Ainsi les parties vont convenir d'anticiper sur les incertitudes autour de la production et d'avoir une emprise sur l'avenir de leur rapport. Une telle anticipation est soutenue par les clauses dites d'adaptation passive relatives au partage de production (A) et d'adaptation active relative à la résiliation des contrats miniers et pétroliers (B).

A- La clause d'adaptation passive liée au partage de production

Les contrats miniers et pétroliers brillent par l'incertitude autour de la quantité commercialisable. Le renouveau autour de son appellation restitue le fond de ces opérations : « contrat de partage de production ». À la différence des contrats de vente où le prix est déterminé ou déterminable, il s'opère plutôt un partage. Cette pratique qui remonte depuis 1966 en Indonésie, trouve un succès aujourd'hui dans l'exploitation des mines. Elle est d'abord utilisée dans le domaine des hydrocarbures pour gagner le secteur des mines solides[53].

Dans les contrats où il est fait application du mécanisme de partage de production, les parties n'ont pas à définir la quantité de la répartition. Mais le partage s'opère de façon automatique sans qu'elles aient à recourir aux stipulations contractuelles. L'investisseur privé a d'abord droit au remboursement des coûts engagés dans les opérations sur la production appelé *« cost oil »* puis le *« profit oil »* une fois les dépenses épurées. La partie restante se répartit entre l'État et l'investisseur privé.

L'intérêt de cette clause demeure la stabilité du contrat. Il est prévu un intervalle de variation appelé *cost stop*. Ainsi, la clause de partage de production est présente dans le code pétrolier en son article 34 al 3 et l'article 15.5 du contrat de partage de production entre l'État centrafricain et DIG-OIL. Par exemple, dans ce contrat, la part de l'État sur le *« profit oil »* est de 30% et 70% pour l'entreprise pétrolière. Comme susmentionné, le mécanisme de partage de production est repris dans les conventions minières de la société Thien Pao SARL en son article 8 et celle de la société Zhigou mining à l'article 7.

La souplesse de la clause d'adaptation relative au partage de production est un gage de sécurité offerte aux contrats miniers et pétroliers. Toutefois, la clause demeure fragile au niveau de la maîtrise de la quantité produite. En dépit de la présence des représentants de l'État au poste de Directeur Adjoint et de Directeur Technique, la

[53] LAURIOL (T.) et RAYNAUD (E.), *Le droit pétrolier et minier en Afrique,* précité, p. 202, n° 373.

prépondérance des cadres qualifiés expatriés et la non maîtrise de la technologie de l'exploitation des mines de grande échelle rend opaque un tel partage.

B- Les clauses d'adaptation active relative à la résiliation des contrats miniers et pétroliers

Les contrats miniers et pétroliers ne sont pas des contrats à durée indéterminée. Leur durée ne peut dépasser 30 ans d'après le Code pétrolier[54] et elle est de 25 ans dans le Code minier[55]. À cet effet, les parties sont exposées à des risques qui peuvent faire naître des litiges ou compromettre l'équilibre contractuel ayant présidé à la conclusion desdits contrats. Ces clauses se retrouvent dans les contrats sous diverses formes exprimant l'acte de prévision ou d'anticipation. Mais il importe de clarifier une distinction entre l'imprévision et la force majeure.

L'hypothèse de l'imprévision se retrouve dans les situations où l'une des parties aux contrats miniers et pétroliers est frappée par des circonstances ayant bouleversé l'équilibre voulu au contrat initial. L'exécution de l'ensemble des obligations peut devenir coûteuse. La difficulté est que l'autre partie peut refuser toute révision[56]. Mais il y a une avancée selon laquelle le juge peut, sur le fondement de l'obligation de bonne foi, sanctionner la partie qui s'obstine à renégocier un contrat dont l'équilibre est profondément bouleversé[57].

Quant à la force majeure, elle justifie l'inexécution d'un contrat valablement formé. Il s'agit de diverses

---

[54] Article 24 du code pétrolier.

[55] Article 30 du code minier.

[56] FAGES (B.), *Droit des obligations*, 4ème édition, L.G.D.J., France 2013, p. 266, note 344.

[57] *Ibidem*

circonstances naturelles, sociales ou politiques qui entourent et affectent l'exécution des engagements souscrits. Ainsi, les éléments constituant la force majeure sont l'impossibilité de prévoir et de résister d'abord, l'extériorité de la cause ensuite[58]. Elle exonère de la responsabilité une fois que tous les éléments constitutifs sont réunis. C'est pourquoi, dans l'affaire RSM, le tribunal arbitral a retenu l'existence de la force majeure dont la RCA a nié le caractère dans sa sentence du 07 décembre 2010 en ces termes : *« Ainsi, en l'espèce, le Tribunal considère que la situation sécuritaire en RCA est une situation de force majeure telle qu'elle est définie dans le Contrat et se situe en dehors de la volonté de RSM. L'existence des trois éléments est donc bien établie et le Tribunal retiendra, en conséquence, l'existence de la force majeure »*[59].

L'efficacité de la clause d'adaptation active permet de préciser qu'en cas d'échec de négociations, que les contrats sont soit résiliés, soit suspendus. L'absence de cette précision dans le contrat avec la RSM production corporation a permis aujourd'hui à l'État centrafricain d'insérer de telles clauses qui se retrouvent dans le contrat pétrolier en son article 32 al. 1-9.

Pour pouvoir stabiliser les contrats, en pratique dans la convention de la société Thien Pao SARL en son article 26 et la convention de la société Zhigu Mining Centrafrique en son article 26, ces clauses allègent largement certaines causes de rupture du lien contractuel en évoquant un manquement grave lorsqu'il n'est pas remédié, supprimant l'hypothèse d'une indemnité qui serait une réparation pendant cette période. Cette incitation conventionnelle a un fondement légal à l'article 52 al. 8 du code minier qui dispose *« l'assurance que l'État n'a pas l'intention*

---

[58] MASAMBA MAKELA (R.), « L'impossible et le contrat », précité, p. 113s.

[59] Affaire No. ARB/07/02 du 07 décembre 2010.

d'exproprier l'investisseur minier. Toutefois, si les circonstances ou une situation particulière exigent une telle mesure, le droit international prévoyant une juste réparation sera observé ».

Cependant, il y a une limite qu'il convient de souligner en ce qui concerne les entreprises minières. Elles peuvent mettre fin à leur convention à tout moment à la phase de la commercialisation mais avec un préavis de 12 mois. L'État dispose, quant à lui, d'un préavis de 90 jours. Certes, il s'agit de la mise en œuvre de ses prérogatives mais cela peut compromettre l'intérêt des entreprises qui comptent recouvrer leurs remboursements à la phase de la commercialisation. L'article 52 al. 1 du code minier dispose que les conventions minières doivent inclure une clause relative à la déclaration de coopération des sociétés à promouvoir, favoriser et encourager les opérations minières à toutes les phases à savoir l'exploration, l'exploitation, la commercialisation, la transformation, le raffinage et la prise de participation de l'État au sens de l'article 32 du même code. La coopération, faisant partie des catégories des concepts à contenu variable, entretient un jeu qui peut compromettre le lien contractuel. Toutefois, pris dans le sens positif, elle correspond à la loyauté[60] qui révèle la volonté du législateur minier à donner une éthique aux activités minières. Mais les contrats miniers d'exploitation à grande échelle, étant à leur début de vie, la coopération ne peut être appréciée.

Paragraphe 2 : Les clauses liées au règlement du contrat : les clauses de *professio juris*

Quand un conflit survient, le premier réflexe est de lire le contrat, c'est-à-dire de savoir quel est le droit applicable.

---

[60] AMRANI-MEKKI (S.), « Droit des contrats », précité, p. 638.

Ainsi, la sécurité juridique des rapports contractuels dépend de la loi à laquelle les parties sont soumises. La détermination de la loi applicable avant la naissance de tout litige favorise la bonne exécution des contrats et permet d'employer les moyens de traitement appropriés. Il est ainsi prévu dans les clauses des conventions minières des stipulations relatives au droit applicable (A). Mais cette détermination du droit applicable présente quelques limites à l'examen (B).

A- L'efficacité du choix du droit applicable

L'efficacité du choix de la loi applicable dépend du principe de l'autonomie de la volonté. Ce principe stipule que les parties à un contrat expriment librement leur choix à la loi applicable. Elle est désignée de façon expresse dans les conventions minières et pétrolières. C'est ainsi qu'une telle liberté n'est pas absolue dans le secteur minier et pétrolier, car la clause de la loi applicable est fixée au préalable dans la convention et soumise à l'acceptation du contractant.

À cet effet, le moment de la validation est important. En règle générale, le choix de la loi applicable est fait au moment de la conclusion du contrat. Du point de vue pratique, ce choix est fait par la voie d'une clause de loi applicable présente aux contrats miniers et pétroliers. Une implication importante concerne les conditions de validité du contrat et le consentement des parties. Le code minier apporte une contribution en son article 53 : *« Les dispositions de la convention minière viennent compléter celles de la présente Loi sans pouvoir y déroger. Aucune disposition conventionnelle ne peut soumettre les parties à des obligations plus onéreuses que celles instituées par la présente Loi »*.

Ainsi, le contrôle des conditions de validité et du consentement qui est analysé lors de la formation des contrats miniers et pétroliers, sera réalisé également par rapport à la loi applicable au moment de la conclusion desdits contrats. C'est ce qui apparaît en pratique dans l'article 35 du contrat de partage de production de la société Dig-Oil et l'article 9 des conventions minières des sociétés Thien Paol SARL et Zhigu Mining Centrafrique. Il ressort de ces articles susmentionnés que le droit applicable à ces contrats est le droit centrafricain.

Mais dans l'hypothèse où les contrats miniers et pétroliers ne comportent pas une clause de droit applicable, les parties peuvent-elles le faire *a posteriori* ? L'intérêt d'une telle problématique majeure réside surtout dans les effets rétroactifs ou non du choix ultérieur d'un droit applicable. Du fait que la validité des contrats miniers et pétroliers dépend de la loi applicable, il serait certain que la loi applicable choisie postérieurement puisse rétroagir sur lesdits contrats. Par conséquent, le choix d'une telle loi peut rendre nul un contrat minier ou pétrolier conclu valablement.

Pour pallier un tel écueil, la conception d'un contrat-type préfigure dans ses stipulations, la clause de droit applicable. Ainsi, l'engagement d'un contractant détermine déjà le choix du droit applicable auquel les négociations ouvertes donneront lieu à la conclusion du contrat. Mais l'objet du droit applicable présente une certaine limite.

B- Les limites à la détermination du droit applicable

Une situation plus difficile et une imprécision sont celle d'analyser la possibilité de soumettre les contrats miniers et pétroliers à une pluralité de lois ou droits[61] et la question de l'ordre public.

Dans la première difficulté soulevée par l'imprécision des alinéas 2 des articles 9 des deux conventions minières, il est stipulé que *« L'État déclare que la présente convention est autorisée par la législation minière et les autres lois applicables en République centrafricaine »*. De la lecture de cette clause, la question qui peut se poser est celle de savoir s'il s'agit de renvoi à certaines dispositions ou conventions internationales qui s'appliquent *mutatis mutandis* en matière minière. Cette préoccupation d'ordre substantiel permet d'analyser si le droit centrafricain est vraiment suffisant pour cerner les enjeux de tels contrats qui se reconnaissent par leur particularisme. La réponse est sans doute difficile mais étant un jeune État avec de nombreux défis et la faible expérience de l'industrialisation du secteur minier permet d'avancer que cela est un réel risque de laisser certains aspects du contrat aux règles du droit national.

Toutefois, cette question de pluralité de droits applicables semble être résolue dans le contrat de partage de production de la société Dig-Oil à l'article 35 al 3 *« s'il n'existe dans le code ou dans la réglementation en vigueur en République centrafricaine, des règles appropriées au différend lié au présent Contrat ou s'y rapportant, les coutumes et usages de l'industrie pétrolière internationale et les principes de droit applicables en la matière dans les pays pétroliers seront utilisés »*.

Ainsi, en cas de pluralité des droits à un contrat dont la complexité peut empêcher de tout cerner, l'on peut puiser dans d'autres sources de droit la solution à un litige soulevé.

---

[61] Ce que la doctrine du droit international appelle le dépeçage. Il désigne l'application de différentes règles aux différents éléments d'une même situation juridique.

En ce qui concerne l'ordre public, le contrat pétrolier et les conventions minières n'apportent aucune précision. Qu'il s'agisse de l'ordre public national ou de l'ordre public international, la détermination de leur contenu est difficile en raison de la nature transnationale des contrats miniers et pétroliers.

Toutefois, il importe de noter qu'une application de règles d'ordre public n'écarterait pas, entièrement la loi choisie par les parties. Ces règles, d'ordre public, seraient appliquées à un point précis et particulier du litige. Pour accroître les possibilités d'une exécution saine des contrats miniers et pétroliers, il convient que l'État cocontractant, en raison de l'insuffisance de ses expériences, s'appuie sur les règles de droit applicables dans d'autres États producteurs des mines et pétroles.

Il est important de souligner que la loi applicable relève de l'autonomie de la volonté des parties. Dans le contexte des contrats miniers et pétroliers, ce choix est explicite et direct en désignant le droit centrafricain. Pour donner plus de force aux lois applicables, la règle du dépeçage permet d'optimiser le traitement de litige né de l'exécution d'une clause. Les contrats miniers et pétroliers, étant une convention, les parties sont davantage libres d'aménager conventionnellement certaines clauses.

Section 2 : L'intérêt des clauses contractuelles particulières : la stabilisation du lien contractuel

La présence des clauses particulières dans les contrats d'exploitation des ressources naturelles permet d'accorder une efficacité supplémentaire quant aux effets produits. De même, elles produisent des règles distinctes entre les parties. Ces clauses permettent aux parties d'avoir une nette emprise sur l'avenir de leur lien contractuel tout en établissant une discipline par un jeu de liens d'obligations. L'effectivité de l'efficacité des clauses particulières présentes dans les contrats miniers et pétroliers se manifeste par l'appréciation de l'efficacité des clauses de la stabilisation (Paragraphe 1) ainsi que l'aménagement conventionnel du pouvoir unilatéral de l'État (Paragraphe 2).

Paragraphe 1 : L'appréciation de l'efficacité des clauses de la stabilisation

L'une des caractéristiques des contrats miniers et pétroliers est la dérogation qu'il y a à faire ratifier par l'État une clause neutralisant son pouvoir législatif au moyen d'un décret dans le contexte centrafricain. Il s'agit de la clause de stabilisation de la législation nationale (A) faisant naître un effet de l'intangibilité des contrats à l'égard de l'État centrafricain (B).

A- La clause de stabilisation de la législation nationale

Au même titre que l'hypothèse du choix de la loi nationale applicable dans les contrats d'exploitation, la clause de la stabilisation est une technique qui permet à un investisseur d'obtenir de son cocontractant, État centrafricain, l'impossibilité de lui appliquer les lois nouvelles ou de se prémunir des changements politiques[62]. Ces clauses ont un fondement légal au sens de l'article 52 al 11 du code minier : *« sont incluses dans les conventions minières, les clauses relatives aux matières suivantes : (...) la stabilisation des conditions générales pendant la durée de la convention minière, notamment des règles de la*

[62] LAURIOL (T.) et RAYNAUD (E.), *Le droit pétrolier et minier en Afrique,* précité, p. 36s.

liberté du commerce et de l'industrie, le régime fiscal et douanier ainsi que la réglementation des changes ». Les clauses de stabilisation ont pour principale fonction de stabiliser les conditions et les modalités d'exécution des contrats miniers et pétroliers qui sont des AII. Caractérisés par une durée plus longue, les contrats miniers et pétroliers sont exposés à des éventuelles contestations liées aux changements politiques et législatifs. L'affirmation de leur validité à l'égard des États d'accueil est sans conteste[63]. Tel est le cas en espèce de l'affaire RSM production corporation contre l'État centrafricain. Suite à un coup d'État du 15 mars 2003, l'État centrafricain a profité pour contester la validité du contrat. Mais le tribunal arbitral a retenu contre l'État centrafricain, l'existence d'un cas de force majeure justifiant ainsi la suspension dudit contrat.

L'état actuel de l'inclusion des clauses de stabilisation dans la pratique des secteurs d'hydrocarbures et des mines révèle l'effectivité de la mise en œuvre de la clause, et ultérieurement, de son efficacité. L'article 35 du contrat de partage de production de la société Dig-Oil et l'article 19 respectivement des conventions minières des sociétés Thien Pao SARL et Zhigu Mining Centrafrique comportent des clauses de stabilisation en matière des conditions générales, juridiques, administratives, économiques, douanières, fiscales. Quatre grands axes ressortent de ces clauses de stabilisation à savoir :

- *la protection contre l'expropriation « indirecte »* : ces investisseurs sont protégés contre les changements de politiques du pays d'accueil. Violer cette protection serait

[63] Voir Texaco Overseas Petroleum Co. & California Asiatic Oil Co c/ Libyan Arab Republic, arbitrage *ad hoc*, décision rendue sur le fond le 19 janvier 1977, docplayer.fr/4256139-Les-clauses-de-stabilisation-dans...lu 02/06/2018.

constitutive d'expropriation indirecte en ce qu'il réduit la valeur d'un investissement ;

- *les normes du « traitement juste et équitable* : ces normes ont pour but d'assurer un traitement juste aux investisseurs ;
- *le traitement national :* les investisseurs étrangers et leurs investissements ne doivent pas être traités de façon moins avantageuse que les investisseurs locaux ;
- *le traitement de la nation la plus favorisée (NPF)* **:** ce principe garantit aux investisseurs étrangers qu'ils seront traités de façon comparable aux investisseurs des États tiers.

Dans cette pluralité des clauses de stabilisation, il y a aussi la possibilité des lois nouvelles plus favorables. Les sociétés pétrolières et minières motivées peuvent demander l'application des lois nouvelles. Une telle opportunité peut créer alors un chevauchement des lois applicables avec la survie de la loi ancienne. Force est de constater que jusque lors le contrat de partage de production ainsi que les conventions minières sont postérieurs aux lois régissant le secteur des hydrocarbures et des mines.

Ainsi donc, la technique de stabilisation en vigueur dans les contrats miniers et pétroliers correspond à l'incorporation par la transformation des dispositions législatives dans les stipulations contractuelles. Leur domaine d'application est plus étendu donnant aux investisseurs une protection plus solide. L'efficacité de telles clauses est manifestée par l'effet de l'intangibilité des contrats.

B- L'effet de l'intangibilité des contrats à l'égard de l'État centrafricain

Dans les contrats d'exploitation, l'intangibilité signifie, comme dans les contrats classiques, que l'une des parties ne saurait modifier unilatéralement les clauses conventionnelles. Ceci pour dire que lorsque les contrats sont formés, les parties sont liées par leur engagement[64].

Plus particulièrement, dans les AII où l'État a engagé sa souveraineté, la question devient délicate. Traditionnellement, il dispose d'un pouvoir de porter atteinte, de façon unilatérale, à toute convention qu'il a conclue. Une telle faculté est source d'insécurité pour les investisseurs. Pour se prémunir de cette modification unilatérale de l'État, il est inclus dans les contrats les clauses dites d'intangibilité. Celles-ci protègent l'investisseur en paralysant le pouvoir de l'État qui lui permet de modifier les termes contractuels[65].

Les clauses d'intangibilité ont démontré leur efficacité par l'équilibre qu'elles maintiennent dans l'exécution des contrats qui sont en cours d'exécution. Sans une telle clause, les relations entre les parties sont exposées à des contestations récurrentes devant les juridictions.

Cependant, une préoccupation qui demeure inassouvie est celle de savoir si l'État va renoncer totalement à ses prérogatives aussi régaliennes qui lui permettent d'assurer la mission du service public ? L'affirmation des clauses d'intangibilité souffre encore de ferme application du fait que, avec l'observation du commissaire du gouvernement Jacomet dans une espèce du 05 mars 1954, affaire dame Soulier, *« lorsqu'elle conclut des contrats, l'administration ne se dépouille nullement de toutes ses prérogatives »*.

Ainsi, dans la perspective d'une recherche de solution de stabilité du lien contractuel pouvant prévenir les litiges, l'intangibilité peut être négociée comme un aménagement

---

[64] RENAULT-BRAHINSKY (C.), *L'essentiel du droit des obligations,* Gualino Lextenso éditions, Paris 2012, p. 69.

[65] ESSAGA (V.S.), La clause de stabilité fiscale dans les contrats pétroliers au Cameroun, Mémoire de DESS en administration fiscale, Université de Douala, 2005-2006, p. 3.

conventionnel où l'État, sans contrainte extérieure, consent à respecter ses engagements de bonne foi en raison de l'intérêt général qui justifie la formation desdits contrats.

Paragraphe 2 : L'aménagement conventionnel du pouvoir unilatéral de l'État

La liberté dont disposent les parties dans tout contrat permet à l'État et les entreprises d'exploitation des ressources naturelles de prendre des mesures qui leur sont propres. Chacune des parties s'investit pour la pérennité du lien contractuel. Pour offrir plus d'intérêt aux investisseurs privés et favoriser le retour des investissements, l'État peut aménager en partie son mécanisme des engagements. L'appréciation faite de certains termes contractuels dégage un assouplissement dans la notion de faute des obligations de l'investisseur privé (A). Toutefois, des règles impératives demeurent rigides dans les clauses directives de prévention de dommages à l'environnement (B).

A- L'assouplissement de la notion de faute dans les obligations de l'investisseur privé

Dans les contrats administratifs, le pouvoir de sanction de l'État est difficilement flexible. Par contre, les contrats miniers et pétroliers, étant des AII, il y a un assouplissement dans l'appréciation de la faute.

Contrairement à la disposition relative à la coopération des entreprises minières et pétrolières, l'assouplissement de l'appréhension de la faute est substantiel. La faute, dans les relations contractuelles, équivaut à une inexécution qui pourrait entraîner une résiliation[66]. L'État est

[66] FAGES (B.), *Droit des obligations*, précité, p. 241, n° 308.

particulièrement souple, ce qui n'est pas le cas dans les contrats des marchés publics et de délégations de service public[67]. Un tel souci est d'encourager les entreprises minières et pétrolières à investir[68]. Ainsi, l'inexécution dans lesdits contrats est spécifiée dans un barème afin d'apprécier le manquement substantiel reproché au contractant de l'État. À titre d'illustration, l'article 27 de la convention minière de la société Zhigu Mining Centrafrique énumère les conditions de manquement substantiel à savoir :

- le manquement grave à l'exécution ou observation de toute condition ou clause de la convention ou du permis de l'explication et qui n'a pas été remédié ou qu'aucune mesure n'a été prise ;
- si la société abandonne le projet et les opérations ne sont pas reprises dans un délai de 60 jours après notification par le Ministre en charge des mines ;
- si la société est dans l'impossibilité de payer ses dettes pendant une période de 3 mois, ou si une résolution est prise par la société pour une ouverture de procédure de redressement ou la liquidation judiciaire ou pour provoquer la dissolution de la société, ou si le tribunal a prononcé un plan de redressement ou de liquidation judiciaire de la société, ou si la société conclut un concordat préventif ou un accord de règlement amiable avec ses créanciers et qui n'est pas approuvé par l'État ;
- s'il est renoncé au permis de l'exploitation en application de la loi minière pour des raisons autres que le

---

[67] Article 92 de la Loi n° 08-017 du 6 juin 2008 portant Code des marchés publics et délégations de service public en République Centrafricaine.

[68] La survie du contrat sous-tend que le principe du *favor contractus* qui veut que le maintien du contrat soit favorisé, lire en ce sens NGUIHE KANTE (P.), « La notion du manquement essentiel dans le droit de la vente commerciale de l'OHADA », *Revue trimestrielle de droit et des activités économiques,* n° 1, janvier-mars 2007, pp. 121s.

renouvellement, l'extension ou l'attribution d'un nouveau permis ; etc.

La résiliation ne peut intervenir que dans l'hypothèse où le manquement reproché est substantiel et affecte défavorablement les opérations normales du projet. Ce n'est que dans cette hypothèse que l'État peut prononcer la résiliation. En accordant un tel éventail des conditions, le revers serait le renforcement des pouvoirs des entreprises qui se conduiraient davantage selon leurs principes que les lois de l'État.

Par conséquent, l'État a mis à l'égard des entreprises des règles strictes quant à la fermeture du site objet de la résiliation.

B- La rigidité des clauses directives de prévention des dommages à l'environnement

Si les conditions de la résiliation sont particulièrement plus souples, les dispositions relatives à la prévention des dommages liés à l'environnement sont assez rigides. Les opérations d'exploitation des mines et pétroles modifient sensiblement l'environnement, la vie sociale des populations environnantes voire le patrimoine culturel national[69]. À cet effet, l'État est très regardant en la matière. La prévention passe par une obligation mise à la charge des entreprises soit en cas de suspension, de résiliation ou de la

---

[69] MOUADJIMTOG (N.R.), *Le droit à un environnement sain des populations riveraines de l'exploitation du pétrole ; l'action du ''groupe de recherches alternatives et du monitoring du projet pétrole Tchad-Cameroun''*, Mémoire de master professionnel, Droit de l'Homme, Droit Pénal International et Droit International Humanitaire, Faculté des Sciences Juridiques et Politiques de l'Université de Dschang, novembre 2017.

fin des opérations afin d'assurer la protection de l'environnement et des communautés locales[70].

En ce qui concerne la suspension, d'après l'article 26 des conventions minières de la société Zhigu Mining Centrafrique et de la société Thien Pao, les entreprises doivent entretenir les matériels de l'entreprise, sauf cas d'usure normale, jusqu'à la reprise des activités afin de prévenir contre toute détérioration pouvant avoir un impact quelconque sur les sites et l'environnement. Dans le contrat pétrolier, l'article 24 attribue toute responsabilité de dommage causé aux tiers et à l'État à l'entreprise exploitante. Ceci pour dire que la responsabilité de l'entreprise couvre toute la période de la vie du contrat.

Pour ce qui est de résiliation ou de la fin des opérations, l'exploitant est chargé de prendre des mesures de nature à ne pas engager sa responsabilité à la fermeture des sites. Pour cela, l'exploitant ou l'investisseur veille à prévenir la survenance d'incidents pouvant engager sa responsabilité[71]. L'article 28 al. 1(e) respectivement des conventions minières susmentionnées énonce que *« la société laisse le périmètre dans un état sûr et stable comme requis par le plan d'abandon dans les Propositions Approuvées du Développement ».* L'obligation de sauvegarder l'environnement bénéficie d'une double protection légale et conventionnelle. L'article 24.3 du contrat pétrolier recommande l'utilisation des moyens appropriés en ces termes *« Pour réduire au minimum ou éliminer la pollution, le contractant doit utiliser des moyens techniques adéquats approuvés par le Ministre ».*

La réhabilitation des sites est prise en compte dans tous les contrats miniers et pétroliers. Ce faisant, l'obligation de

---

[70] Article 56 de l'ordonnance n° 93.007 précitée et l'article 104 de la loi n° 09.005 du 29 avril 2009 portant code minier précitée.

[71] LAURIOL (T.) et RAYNAUD (E.), *Le droit pétrolier et minier en Afrique,* précité, p. 390.

l'exploitant se poursuit même à la fermeture des sites. Pour prévenir de tels incidents, il est prévu dans les conventions minières un montant maximal de 5% des bénéfices imposables à l'impôt sur la société à la fin de chaque année financière destinée à la réhabilitation du site et ce montant n'excédera pas le coût prévu par l'étude de la faisabilité. Ce plafonnement, certes, garantit la possibilité de réhabilitation du site exploité. Mais l'on peut s'interroger, si au cours de l'exploitation les préventions ont sensiblement été modifiées par les opérations et que les dommages dépassent l'étendue du site, ce serait alors l'État dont la responsabilité sera-t-elle engagée ? Par contre, dans le contrat pétrolier, il est ouvert un compte bancaire d'affectation spéciale pour les obligations de réhabilitation sans précision de seuil. Mais en retenant la seule responsabilité de l'exploitant, cette solution permet d'engager la responsabilité de l'exploitant lorsque les dommages dépasseront les prévisions.

CONCLUSION DU CHAPITRE 2

Le principe de l'autonomie de la volonté, repris dans les contrats miniers et pétroliers, est un moyen permettant de prévenir les désaccords qui peuvent survenir. Pour y parvenir, plusieurs clauses permettent d'anticiper sur les litiges. Ainsi, pour atténuer la survenance des litiges, certaines clauses, notamment en ce qui concerne le partage de production, s'adaptent à la variation de la production. Par contre, certaines clauses agissent sur la survie du contrat en fixant les obligations de chaque partie.

Pour préserver le lien contractuel, le pouvoir unilatéral de l'État est parfois neutralisé au moyen d'une clause de stabilité. Celle-ci fait suite aux aléas qui peuvent survenir et déséquilibrer l'économie du contrat, principales sources de contentieux dans les contrats d'exploitation, et dont la maîtrise nécessite que la législation soit stable en matière de la fiscalité, des douanes et de la réglementation des changes. De même, l'appréciation des conditions de la faute dans la résiliation est souple, permettant la survie des contrats même si certaines obligations relatives à la protection demeurent rigides.

CONCLUSION DE LA PREMIÈRE PARTIE

Les contrats miniers et pétroliers sont spécifiques en raison des litiges qui peuvent survenir à tout moment de leur formation, de leur exécution et de leur fin. Pour prévenir les différends, l'État centrafricain organise, de façon unilatérale les conditions qui encadrent la formation et le suivi des contrats miniers. Cette prévention passe par l'encadrement légal et administratif. L'encadrement légal se manifeste dans le processus de la formation et de la validation des contrats miniers et pétroliers. Ces contrats sont validés par un décret présidentiel lui donnant une force obligatoire à l'égard de l'État. Cependant, l'encadrement administratif s'opère par le service du contentieux qui assure une fonction préventive par le mécanisme de contrôle des activités de l'exploitation.

Étant des contrats dont l'objet est stratégique et où les intérêts qui déterminent la formation nécessitent un important flux financier, le pouvoir de l'État est employé comme instrument de négociation. Ce faisant, la législation ayant cours au moment de la formation est insusceptible de modification par la clause dite de stabilisation en ce qui concerne la fiscalité, les douanes ainsi que la réglementation des changes. Pour renforcer la survie desdits contrats, l'État assouplit les conditions de la résiliation tout en préservant les règles relatives à la protection de l'environnement et des communautés locales.

SECONDE PARTIE : LE TRAITEMENT JURIDICTIONNEL DES LITIGES NÉS DES CONTRATS MINIERS ET PETROLIERS EN DROIT CENTRAFRICAIN

Le règlement des litiges nés des contrats miniers et pétrolier fait appel à plusieurs ordres de juridictions. Leur spécificité, au regard des multiples implications politiques, économiques, stratégiques, sociaux et environnementaux, les place à la croisée de toutes les juridictions d'ordre tant nationales et internationales. Ce particularisme est aussi essentiel en ce sens qu'il permet aux parties le choix de plusieurs règles de droit pour le traitement de leurs litiges[72].

Notons également qu'en pratique, pour optimiser la chance de régler les litiges nés des contrats miniers et pétroliers, les parties ont recouru à une clause de médiation[73]. Dans ce cas, l'échec ouvre la voie à la saisine du tribunal arbitral. Pour encourager le recours à ce mode de règlement pacifique, le législateur OHADA a fait un grand pas en adoptant le 23 novembre 2017 un Acte uniforme relatif à la médiation. Celle-ci peut être *ad hoc* ou institutionnelle. Dans la pratique, la médiation existe dans les AII. C'est ainsi que l'échec de la médiation entre l'État centrafricain et la société RSM production corporation a permis à la partie diligente la saisine du CIRDI.

Pour pouvoir prendre en charge, de manière substantielle les contentieux nés des contrats miniers et pétroliers, le législateur centrafricain a organisé la procédure en effectuant une subdivision de la nature des

---

[72] LHUILIER (G.), « Le contentieux extractif, essai de définition », in, NGWANZA (A.) et LHUILIER (G.) (dir.), *Le contentieux extractif*, ICC, 2015, p. 9.

[73] Article 13 al 1 des conventions minières des sociétés Thien Pao et Zhigou Mining Centrafrique et article 31.1.1 du contrat de partage de production de la société Dig-oil.

litiges. Les litiges se distinguent selon qu'ils sont de nature technique ou non technique[74]. C'est en cela que les juridictions centrafricaines sont compétentes pour les litiges non techniques que sont les infractions, les délits ou quasi-délits tandis l'arbitrage demeure compétent pour les litiges de nature technique. Ainsi, dans le règlement du contentieux minier et pétrolier, les actions peuvent se faire en donnant compétence à l'ordre juridictionnel de l'État centrafricain (Chapitre 1). Mais, dans le cadre des actions relatives aux investissements, le privilège est souvent accordé au tribunal arbitral (Chapitre 2).

[74] Article 84 du code pétrolier et articles 191 ; 192 du code minier centrafricains.

CHAPITRE 1 : LE RÈGLEMENT DU CONTENTIEUX DES CONTRATS MINIERS ET PÉTROLIERS PAR LA JURIDICTION ÉTATIQUE

Le règlement des contentieux des contrats miniers et pétroliers n'est pas organisé autour d'un seul ordre juridique. La pratique dans le domaine a mis en œuvre un mécanisme complexe qui a été consacré par la jurisprudence arbitrale et qui affirme l'existence d'une *« particular branch of a general mercatoria »*[75]. Ces contrats ont fait l'objet d'une grande inventivité qui influe considérablement sur le régime de traitement de leurs différends. Ainsi, il existe une diversité d'actions dans la procédure de règlement des différends miniers et pétroliers qui est organisée dans les dispositions de l'ordonnance n° 93.007 du 25 mai 1993 portant code pétrolier et la loi n° 09.005 du 29 avril 2009 portant code minier de la République centrafricaine lesquelles sont reprises dans les clauses des contrats relatifs à l'exploitation des ressources naturelles.

Ainsi, les recours juridictionnels sont ouverts tant aux parties aux contrats miniers qu'aux tiers. Pour ce faire, la formation et l'exécution des contrats miniers et pétroliers peuvent donner lieu à des contestations de diverse nature. Celles-ci sont soumises, selon l'organisation de la justice interne, soit au juge administratif (Section 1) soit au juge judiciaire (Section 2).

---

[75] [75] LHUILIER (G.), « Le contentieux extractif, essai de définition », in, NGWANZA (A.) et LHUILIER (G.) (dir.), *Le contentieux extractif*, précité, p. 10.

Section 1 : La consécration de la compétence du juge administratif

L'ordre administratif doit être distingué de l'ordre judiciaire. En matière minière et pétrolière, le juge administratif est compétent lorsque l'affaire met en cause l'administration. Il s'agit, dans cette étude, de l'administration des mines dans sa fonction d'autorité d'agrément et de police. Pour pouvoir exercer les voies de recours contre les actes de l'administration (Paragraphe 2), il convient d'analyser la nature juridique des contrats miniers et pétroliers afin de déterminer la compétence du juge administratif (Paragraphe 1).

Paragraphe 1 : La détermination de la compétence du juge administratif

Le juge administratif est saisi lorsque l'acte litigieux relève de l'acte de l'administration. Dans les AII en général et les contrats miniers et pétroliers en particulier, la qualité de l'administration qui s'engage n'est pas la même que dans les contrats administratifs. Pour cette raison, il convient d'établir le caractère administratif des contrats miniers et pétroliers (A) permettant de justifier la compétence juge administratif (B).

A- Le caractère administratif des contrats miniers et pétroliers

Le contrat peut être l'acte par lequel l'État entre en relation économique avec les tiers. Défini de façon substantielle par le code civil en son article 1101, le contrat est une convention par laquelle une ou plusieurs personnes s'obligent, envers une ou plusieurs autres, à donner, à faire ou à ne pas faire quelque chose. Mais vu l'intérêt technique et économique des contrats miniers et pétroliers, l'État s'engage en tant que partie prenante afin de leur donner un statut légal ou jurisprudentiel. Cette présence de l'État va bouleverser largement le régime de la qualification des contrats miniers et pétroliers.

Cependant, s'il est aisé de qualifier un contrat en droit civil[76], cela ne va pas de même en ce qui concerne l'État et ses émanations. Il se dégage autour des contrats miniers et pétroliers une perception incertaine de l'administration qui est à la fois partie et tiers. Un tel statut empêche une analyse pouvant permettre de dégager le régime qui le guide. En parlant des contrats administratifs dans l'ordre interne, il est fait remarquer l'instabilité des éléments qui les composent[77]. Projeter sur le champ des investissements, la situation paraît complexe du fait qu'une certaine partie de la doctrine soutient que les contrats d'investissements sont des contrats d'État[78] au sens que les attributs de l'État y sont fortement engagés à savoir la loi, l'économie et la force de défense. Même si au fond, les contrats administratifs n'ont pas de frontière avec le contrat civil en ce qu'ils génèrent des caractères et des effets communs, une étude sur les conséquences revêt une plus-value pour les contrats miniers et pétroliers.

Pris dans un sens aussi pratique, la formation des contrats miniers et pétroliers relève de la compétence

---

[76] MERCADAL (B.), « La qualification du contrat en droit français », in, ANOUKAHA (F.) et OLINGA (A.D.) (dir.), *L'obligation, Études offertes au Professeur Paul Gérard POUGOUÉ*, Harmattan, Cameroun 2015, p. 459s.

[77] BILONG (S.), « La crise du droit administratif au Cameroun », *Revue Juridique et Politique,* janvier-mars 2011, n° 1, p. 45s. Il fait mention d'une déliquescence des repères classiques du droit administratif à travers les contrats administratifs et les actes administratifs unilatéraux.

[78] LAURIOL (T.) et RAYNAUD (E.), *Le droit pétrolier et minier en Afrique*, précité.

exclusive de l'État comme susmentionnée. Ils peuvent rentrer dans la catégorie de ce que l'on peut désigner de ''l'acte administratif'' de manière générale. Cet acte administratif renvoie soit à des actes unilatéraux soit à des contrats. Sur le plan pratique, l'action de l'administration est présente dans la vie quotidienne formant une unité avec les actes unilatéraux et les contrats. C'est ce qui est rappelé dans l'adage *« au royaume du droit administratif, contracter c'est souvent servir, et servir c'est parfois contracter »*. Ce postulat permet d'envisager si le juge administratif est compétent en matière des contrats miniers et pétroliers.

B- La justification de la compétence du juge administratif relativement aux contrats miniers et pétroliers

Sur le point d'attribution de la compétence du juge administratif, l'analyse du corpus législatif fait une répartition des compétences. En ce sens, lorsqu'il est fait application à un litige des règles du droit public, le juge administratif est requis pour en connaître le fond et le trancher. Le droit d'accès aux ressources minières est essentiellement organisé selon les règles du droit public. Pour cette raison, les litiges qui opposent les parties aux contrats miniers et pétroliers relèvent de la compétence du juge administratif.

En qualifiant les contrats miniers et pétroliers de contrat d'État, où l'une des parties est une personnalité publique, en les rapprochant des contrats des marchés publics, on peut déduire la compétence de la juridiction administrative. Dans ces conditions, la présence des clauses qui ne peuvent exister dans les contrats civils présument la nature administrative de ces contrats. Même s'il n'est pas défini clairement la compétence du juge administratif, l'existence de certains éléments qui caractérisent les contrats de marché publics permettent au juge administratif de retenir sa compétence pour des faits dont sa compétence n'est pas expressément écartée.

Par ailleurs, l'acte d'approbation des contrats miniers et pétroliers pris par décret est de nature à fonder la compétence du juge administratif. La validation par décret des conventions minières et pétrolières relève d'un acte administratif qui crée des droits et obligations à l'égard de son titulaire.

De cette analyse, l'absence de détermination de la compétence du juge administratif dans les textes relatifs aux contrats miniers et pétroliers ne constitue pas un obstacle à sa mise en œuvre. En effet, les contrats signés, étant pour la plupart dans une phase de commencement, justifie l'absence partielle ou totale de la jurisprudence. Cette réflexion, aussi précoce, permet aux parties aux contrats miniers et pétroliers, en cas de survenance d'un désaccord, de se prévaloir d'une action administrative.

Paragraphe 2 : Les recours juridictionnels possibles en matière de contentieux des contrats miniers et pétroliers

La diversité des recours juridictionnels concerne les actes d'attribution des titres miniers ainsi que contre le contrat lui-même. Comme susmentionné, les candidats évincés de l'appel d'offres disposent des procédures dites d'urgence. On peut parler dans ce cadre de référé administratif lorsqu'il s'agit de statuer provisoirement sur les difficultés relatives à l'exécution de l'attribution d'un titre minier et pétrolier. Cette procédure présente trois caractères spécifiques à savoir la rapidité, l'unicité du juge, caractère provisoire[79]. Dans le cadre spécifique des mines, il s'agit d'un référé dans la phase précontractuelle (A) et d'un référé dans la phase contractuelle (B).

A- Le référé dans la phase précontractuelle

L'urgence donnant lieu au référé peut être appliquée tant dans les contrats de marché public ainsi qu'au secteur minier qui permet aux candidats évincés de faire valoir leurs prétentions à la violation des règles du marché. Le référé précontractuel est relativement nouveau dans les règles du droit administratif mais leur importance dans le règlement des différends nécessite une analyse. Étant dans un secteur stratégique et où plusieurs règles juridiques et intérêts s'interfèrent, les recours traditionnels pourraient devenir source d'aggravation des litiges. D'un simple différend de marché, l'on pourrait se retrouver dans une complexité de litiges où les solutions vont devenir introuvables.

Dès lors que les contestations d'une attribution en cours des titres miniers aient été soulevées, au moment où des travaux ont été réalisés, le juge compétent pour en connaître est le président du tribunal administratif qui statue en matière des référés et rend des décisions provisoires. Lorsque le président du tribunal est saisi, il y a suspension de la signature de la convention minière.

Cependant, la question de recours pour excès de pouvoirs connaît des atténuations du fait de l'exercice de la souveraineté de l'État et du pouvoir discrétionnaire du Ministre chargé des mines. Mais pour les exigences de la transparence dans les industries extractives et de lutte contre les trafics illicites, le processus d'attribution ou de

---

[79] CEZAR-BRU (C.), SEIGNOLLE (J.), HEBRAUD (P.), *La juridiction du président du tribunal,* Tome 1 Des référés, 5ème édition, Librairies Techniques, Paris, p. 12.

passation des conventions minières doit être suffisamment encadré. Lorsqu'il y a violation des règles ou que l'autorité d'attribution a procédé de façon frauduleuse ou par la corruption, le recours devant le Conseil d'État pour excès de pouvoir permet d'annuler la convention et de faire prévaloir la transparence.

B- Le référé dans la phase contractuelle

Pour ouvrir davantage le secteur minier à la transparence, la règle de référé contractuel trouve son fondement dans l'article 32 al 2 du code minier qui soumet l'appel d'offres à une publicité. La publicité dont il est question a pour objectif d'assurer la sécurité d'attribution des titres et l'égalité de tous les soumissionnaires en présence des informations. Cette publicité est relative aux conditions de sélection et de soumission du marché décrites par les articles 33 et 34 du code minier.

L'inobservation de telles conditions d'attribution des titres miniers requiert la compétence du président du tribunal administratif afin d'en tirer les conséquences. Celui-ci statue en la forme et selon la gravité de la violation qui peut aller de la suspension de l'exécution de la convention minière à l'annulation. Mais dans le cadre des mines, la solution de l'annulation de la convention peut provoquer des désagréments peu souhaitables lorsque le titulaire a déjà procédé à la réalisation de certains travaux. Il conviendrait de substituer à l'annulation, la réduction de la durée de l'exploitation ou d'octroyer des pénalités financières voire des dommages-intérêts à la personne lésée.

Quid du recours de plein contentieux ? Le recours de plein contentieux entretient une infime frontière avec le recours de pleine juridiction. Toutefois, dans le cadre des marchés publics, l'objet des recours apporte la distinction :

le recours de plein contentieux ou classique est exercé par les parties au contrat, et même les tiers tandis que le recours de pleine juridiction est réservé aux seuls concurrents évincés[80]. Le recours de pleine juridiction repris ici relève d'un considérant du Conseil d'État : *« indépendant des actions dont disposent les parties au contrat devant le juge du contrat, tout concurrent évincé de la conclusion d'un contrat administratif est recevable à former devant ce même juge un recours de pleine juridiction contestant la validité de ce contrat ou de certaines de ses clauses, qui en sont divisibles, assorties, le cas échéant, de demandes indemnitaires... »*[81]. Dans ce dernier cas et en matière minière où l'appel d'offre peut être restreint, le recours de pleine juridiction a peu de chance de prospérer face à la souveraineté de l'État sur les ressources naturelles. Il s'agit d'aller au-delà des solutions sollicitées ci-haut à une action en responsabilité contractuelle.

Cependant, un exploitant écarté d'un marché d'attribution de titre minier, peut-il se prévaloir de la convention d'arbitrage incluse dans la convention principale, une fois formée, pour attraire l'État devant la juridiction arbitrale ? Par le principe de l'opposabilité de la convention d'arbitrage, le soumissionnaire peut dans certaines mesures, lorsque les conditions d'ouverture de l'appel en disposent autrement, engager une action devant le tribunal arbitral. Mais les contrats miniers et pétroliers, en cours de leur exécution, peuvent faire naître des litiges relevant de la compétence du juge judiciaire.

---

[80] TENGO (L.), « Le contentieux des marchés publics au Congo », *Revue Juridique et Politique des États francophones*, N° 3, juillet-septembre 2015, p. 288.
[81] *Idem.* p. 289.

Section 2 : La compétence du juge judiciaire

Il n'est plus inouï que le juge judiciaire puisse connaître du litige dans lequel intervient une personne publique. Pour ce faire, le législateur centrafricain, dans le code pétrolier et le code minier, organise le renvoi à la juridiction nationale par la détermination de la nature du litige (Paragraphe 1). Particulièrement en matière des mines, le juge judiciaire est compétent lorsqu'il y a atteinte à l'environnement (Paragraphe 2).

Paragraphe 1 : La compétence du juge judiciaire dans l'action en responsabilité civile

Pour protéger les personnes non signataires des contrats miniers et pétroliers, toutes contestations qui sont nées et qui sont de nature non contractuelle, sont soumises à la compétence du juge judiciaire. L'action dont bénéficient les tiers auxquels les contrats ne doivent pas nuire aux intérêts détermine l'étendue de la compétence du juge (A) ainsi que les préjudices d'atteintes à l'environnement (B)

A- L'étendue de la compétence du juge judiciaire dans le règlement des délits civils

Le délit, défini au sens large comme tout fait illicite de l'homme engageant sa responsabilité civile, permet à tierce victime d'acte délictuel d'une entreprise minière ou pétrolière de saisir le juge judiciaire. Dans le cadre des opérations des ressources naturelles où il existe une législation particulière, il convient de distinguer les délits du droit commun et de ceux qui sont spécifiques.

S'agissant des délits du droit commun, l'on peut évoquer tout fait illicite du titulaire du droit minier ayant causé à autrui un dommage. Ainsi, comme dans toute responsabilité civile, il faut qu'il y ait une faute, un dommage et un lien de causalité. Dans cette perspective, les entreprises titulaires du droit minier, dans l'exécution des conventions minières et des contrats pétroliers, répondent de tout fait quelconque ayant causé un préjudice aux tiers devant le juge judiciaire[82]. Par ailleurs, les sociétés d'exploitation des mines et du pétrole, étant donné qu'elles sont formées selon le droit centrafricain[83], et par conséquent, selon les dispositions de l'acte uniforme relatif au droit de société commerciale et du groupement d'intérêt économique (AUSCGIE) pour l'exécution des contrats miniers et pétroliers, sont assujetties aux règles du droit OHADA[84].

Dans le cadre spécifique de l'exploitation des ressources naturelles, le délit a une autre dimension singulière.

B- La compétence du juge judiciaire relative aux atteintes à l'environnement

Il est instauré en République centrafricaine une politique d'évaluation environnementale. C'est un processus qui consiste à évaluer les possibilités, les capacités, les fonctions des ressources, des systèmes naturels et humains afin de faciliter la planification du développement durable. Pour ce faire, la loi n° 07/018 du 28 décembre 2007 portant Code de l'Environnement de la République Centrafricaine organise le mécanisme ou le régime de la responsabilité

---

[82] DERE (A.), *La responsabilité des dirigeants sociaux en droit OHADA*, Mémoire de master, Faculté des Sciences Juridiques et Politiques, Université de Dschang, juillet 2017, pp. 14-15.

[83] Voir supra

[84] DERE (A.), *La responsabilité des dirigeants sociaux en droit OHADA*, précité.

environnementale. Ce régime permet une protection large des ressources naturelles en retenant la définition des dommages causés à l'environnement comme une dégradation de l'environnement définie à l'article 2 du code de l'environnement. Il s'agit d'un épuisement ou destruction d'une ressource susceptible de se renouveler tels que le sol, les prairies, la forêt, la faune et la flore du fait d'une utilisation qui dépasse son rythme naturel de renouvellement. La loi prend également en compte la dégradation de l'esthétique environnementale.

La compétence pour mettre en œuvre la responsabilité est attribuée aux agents habilités du Ministère en charge de l'environnement. Mais le ministère public demeure la première autorité pour mettre en œuvre l'action en responsabilité de dégradation de l'environnement[85]. Ce choix est opportun du fait que le Ministère public protège l'ordre social et permet d'éviter l'écueil d'une multiplicité de demandeurs[86].

Paragraphe 2 : L'organisation particulière de la poursuite des infractions pénales

Pour atteindre et sanctionner toute infraction commise dans l'exploitation des ressources naturelles, la législation minière a été plus directive et organisationnelle que la législation pétrolière. À cet effet, dans le secteur du pétrole, il y a l'absence d'un cadre institutionnel de poursuite des infractions. Mais cette absence ne justifie pas la non-répression des infractions constatées. Dans une telle

[85] Articles 110 et 111du code de l'environnement centrafricain.

[86] Lire en ce sens NEYRET (L.), « Le préjudice écologique : un levier pour la réforme du droit des obligations », *Recueil Dalloz,* n° 40, 22 novembre 2012, p. 2679. Voir également BOUTONNET (M.), « La consécration du concept d'obligation environnementale », *Recueil Dalloz,* n° 23, 26 juin 2014, pp. 1335-1341.

hypothèse, le juge pénal peut dûment retenir sa compétence. Pour le secteur des mines solides, le ministère des mines a créé une unité spéciale de police anti-fraude ci-après USAF (A) afin de poursuivre les infractions dont il convient de présenter les principaux éléments constitutifs et les sanctions (B).

A- L'institutionnalisation de l'USAF

Pour réprimer les infractions spécifiques aux mines solides, le ministère des mines a créé une Police des mines, placée sous son autorité. Cette police est chargée de la recherche de l'information, la constatation et la poursuite des infractions relatives à la recherche et l'exploitation minières, la détention, la cession, le commerce, le transport, l'importation et l'exportation des pierres, métaux précieux ou semi-précieux et autres substances minérales.

L'USAF a compétence spécifique pour procéder à la recherche et à la constatation des infractions au code minier. Elle peut, dans son domaine de compétence, effectuer toutes enquêtes, comportant le cas échéant toutes visites domiciliaires, entrer librement dans les bureaux et dans les locaux servant de magasin, procéder à des fouilles corporelles et de tous moyens de transport, faire des perquisitions et saisies.

Toutefois, les perquisitions doivent être prescrites par un mandat du juge, sauf cas de flagrant délit. La recherche des infractions peut comporter notamment les investigations sur les documents et registres prévus au présent code ou sur tout compte ou écriture bancaire se trouvant en République Centrafricaine ou à l'étranger et se rapportant aux opérations minières.

Les agents de I'USAF comme les agents dûment mandatés transmettent à l'Administration des Mines leurs procès-verbaux de recherche et de constatation d'infractions au Code Minier ainsi que les substances minérales et les produits saisis. L'Administration des Mines peut transiger par le canal de la Commission de Saisie. En cas d'échec de la transaction, les procès-verbaux sont transmis au Procureur de la République pour une décision judiciaire.

Cette unité spéciale vient d'être mise en place récemment et ne dispose pas assez de matériels détecteurs pour assurer sa mission. Toutefois, les sociétés nouvellement agréées sont au commencement de leurs activités. Ce qui ne permet pas d'affirmer l'efficacité de l'USAF dans les mines industrielles.

B- Les principaux éléments constitutifs de l'infraction minière

Les principales infractions relevant des activités minières sont présentées de façon énumérative dans le code. Ces infractions sont attachées aux personnes qui :

- mènent des activités autorisées aux détenteurs de titres miniers et d'autorisations, sans avoir obtenu au préalable une autorisation en vertu de la présente Loi ou qui refuse de fournir toute information requise en rapport avec cette autorisation préalable ;
- font sciemment une fausse déclaration relative à l'obtention d'un titre minier ou d'une autorisation régis par la présente Loi ;
- détruisent, déplacent ou modifient de façon illicite des signaux et des bornes ;
- falsifient ou contrefont les bordereaux d'achat, les cartes d'artisans ou d'ouvriers miniers ou tous autres documents administratifs et les inscriptions portées sur les titres du permis minier ou sur les autorisations;
- n'enregistrent pas tout ou partie des produits miniers ou qui ne délivrent pas de bordereaux d'achat au vendeur ;

- minorent la valeur marchande des produits achetés sur les bordereaux;
- refusent de se conformer à une directive administrative relative à la santé ou à la sécurité au travail prévue par la présente Loi;
- agressent un fonctionnaire ou agent de l'Administration des Mines dans l'exercice de ses fonctions ou font obstruction à l'exécution de sa mission ;
- accèdent ou reprennent possession d'une zone dont elles n'ont plus ni titre ni autorisation pour y effectuer des travaux de quelque nature que ce soit;
- prennent ou extraient des substances minérales appartenant à autrui sans y avoir été autorisé au préalable par le titulaire d'une autorisation ou d'un titre minier;
- font obstruction de quelque manière que ce soit, à l'exercice d'un droit conféré en vertu de la présente Loi ;
- Les Sociétés Minières ou leurs agents qui disposent des produits de recherche ou d'exploitation sans en faire la déclaration ou qui se livrent à l'achat illicite de toutes substances minérales non produites à l'intérieur du périmètre de la zone de leur titre minier ou autorisation ;

Dans le cadre de l'exploitation des hydrocarbures, les infractions ne sont pas clairement définies contrairement aux mines solides. Toutefois, les infractions sont constatées par les procès-verbaux établis par des fonctionnaires assermentés et habilités à cet effet[87]. Mais une transposition *mutatis mutandis* du secteur des mines dégage la compétence du juge judiciaire dans l'établissement du quantum des peines.

Il convient de relever que dans le secteur du pétrole, le législateur n'a prévu que de sanctions pécuniaires plus souple de 500 000 à 10 000 000 F ; la déchéance motivée du contrat ; l'annulation du contrat ou le retrait du permis d'exploitation tandis que dans le domaine des mines, le

---

[87] Article 85 al 1 du code pétrolier centrafricain.

législateur fixe les sanctions les plus sévères : pécuniaires (500 000 à 50 000 000), l'emprisonnement de six (6) mois à cinq (5) ans ; l'expulsion du territoire national les délinquants non originaires de la République Centrafricaine.

CONCLUSION DU CHAPITRE 1

La nature des contestations pouvant être soulevée devant le juge détermine la compétence de la juridiction concernée. La qualification des contrats miniers et pétroliers permet de retenir la compétence du juge administratif qui statue par voie de référé dans la phase précontractuelle et contractuelle. Mais ces voies de recours ne s'appliquent pas dans les contrats pétroliers où la loi en a expressément interdit. Ainsi, les recours sont soit le référé précontractuel portant sur les conditions d'attribution des titres soit le référé contractuel dirigé contre les règles fondamentales d'attribution des titres. L'intervention du juge administratif permet d'équilibrer et de sécuriser l'environnement de l'exécution des contrats miniers en cas de contestation portant sur l'attribution des titres. En plus, le juge judiciaire, quant à lui, intervient pour trancher les délits relevant du droit commun et les infractions spécifiques. Les délits peuvent être des actes de négligence ou d'imprudence des titulaires des titres miniers ou des actes ayant porté atteinte à l'environnement. Pour les infractions pénales, le législateur a organisé de manière spécifique leurs poursuites par le biais de l'USAF sans pour autant occulter la mission du ministère public.

CHAPITRE 2 : LE TRAITEMENT ARBITRAL DES DIFFÉRENDS MINIERS ET PÉTROLIERS

Le développement de l'arbitrage comme mode alternatif de règlement des différends du commerce international n'est plus à douter. Pour les affaires ayant une grande valeur économique, les parties ont davantage de penchant à soumettre le traitement des différends à l'arbitrage. Le lexique des termes juridiques définit l'arbitrage comme étant une procédure de règlement de litiges conventionnellement prévue par les parties : celles-ci s'engagent, au terme d'une convention d'arbitrage (compromis ou clause compromissoire), à soumettre leur litige à une ou plusieurs personnes privées en nombre impair, appelées arbitres, à qui elles confèrent ainsi un véritable pouvoir juridictionnel[88]. L'arbitrage se dégage ainsi de cette définition comme une justice privée organisée sur le principe de l'autonomie de la volonté des parties.

L'arbitrage a connu son essor après la guerre mondiale. Les principales affaires soumises à l'arbitrage ont porté sur les contrats pétroliers, mais de façon générale, à tous les contrats d'État relatifs aux investissements conformément à la convention de Washington du 18 mars 1965[89]. Ainsi, aborder la question de l'arbitrage dans les contrats miniers et pétroliers semble trouver leur solution dans la ratification par la RCA de la convention de Washington. Toutefois, pour marquer davantage son ouverture aux investissements étrangers et offrir un cadre de protection plus performante, le législateur centrafricain

---

[88] GUINCHARD (S.), DEBARD (T.) (dir.), *Lexique des termes juridiques,* 23ème édition, 2015-2016, p. 78.

[89] REYMOND (C.), « Réflexions sur quelques problèmes de l'arbitrage international. Faiblesses, menaces et perspectives », *L'avenir du droit, Mélanges en hommage à François TERRE,* PUF, Dalloz, Paris 1999, p. 788.

a pris des dispositifs renforçant l'arbitrage dans les activités d'exploitation des ressources naturelles. Dès lors, la reconnaissance de l'arbitralité des litiges des contrats miniers et pétroliers par l'État (Section 1) emporte quelques facilités quant aux avantages dont bénéficient les parties (Section 2).

Section 1 : L'arbitralité des litiges des contrats miniers et pétroliers

La question de la participation des personnes publiques à l'arbitrage a évolué du fait du recul de la portée de l'immunité juridictionnelle ainsi que de l'immunité d'exécution[90]. Cette tendance conduit aujourd'hui à restreindre le champ d'application de ces règles pour tenir compte du phénomène de ''l'État commerçant''. Dans l'espace OHADA, une précision en la matière vient d'être faite dans l'arrêt n°103/2018 du 26 avril 2018 en ce qui concerne l'immunité d'exécution des entreprises publiques. Pour encourager les investissements, l'État centrafricain s'est doté dans sa législation des dispositions consacrant l'arbitralité objective des litiges en matière d'exploitation des ressources naturelles (Paragraphe 1). Tandis que l'arbitralité subjective a connu une évolution significative (Paragraphe 2).

Paragraphe 1 : L'arbitralité objective résultant des différends des contrats miniers et pétroliers

Mener une analyse sur l'efficacité du traitement arbitral des différends relatifs aux contrats miniers et pétroliers nécessite que l'on s'arrête sur les sources de la convention d'arbitrage. Ainsi l'engagement conventionnel des parties à l'arbitrage (B) ne doit porter que sur les litiges dont l'arbitralité est objective (A).

---

[90] D'AVOUT (L.), « Droit du commercial international », *Recueil Dalloz,* n° 35, 13 octobre 2011, p. 2436.

A- L'arbitralité objective des litiges nés des contrats miniers et pétroliers

Il s'agit de savoir si les différends des contrats miniers et pétroliers peuvent être tranchés de façon définitive par la voie de l'arbitrage et ne doivent pas relever de la juridiction étatique. La réponse à une telle interrogation ne serait pas absolue. De principe, l'arbitrage ne s'étend pas à tous les litiges nés des contrats miniers et pétroliers. Il est relatif au droit dont on a la libre disposition (article 2 al. 1 AUA). Toutefois, l'arbitralité des litiges des contrats miniers et pétroliers trouve leur fondement dans les textes de protection des investissements. D'une part, il y a la convention de Washington de 18 mars 1965 sur le règlement des différends relatifs aux investissements et la convention de New York du 10 décembre 1958 sur la reconnaissance de l'exécution des sentences arbitrales étrangères. D'autre part, le Traité de l'OHADA en ses articles 21 et suivants puis l'AUA du 23 novembre 2017 et les dispositions nationales sous condition qu'elles ne contreviennent aux dispositions de l'AUA constituent les sources de l'arbitralité des litiges liés aux investissements étrangers.

Dans cette perspective, la nature des contrats miniers et pétroliers facilite la soumission des litiges nés de ces relations à l'arbitrage. Il s'agit principalement d'un accord d'investissement qui est protégé tant par les conventions internationales que par la législation nationale.

Pour rendre l'arbitrage plus effectif dans le secteur minier et pétrolier, après la ratification de la convention de Washington qui est entrée en vigueur le 14 octobre 1966, l'État centrafricain a entrepris dans ses dispositifs à incorporer l'arbitrage comme mode juridictionnel de traitement des contestations issues des opérations relatives à l'investissement. De même, étant partie au Traité de l'OHADA qui institue l'arbitrage en ses articles 21 à 26 comme mode de règlement des différends de nature contractuelle, la RCA a pris des dispositions renvoyant à l'arbitrage dans sa législation relative aux hydrocarbures et les mines.

Pour lutter contre l'insécurité juridique et offrir un cadre efficace de traitement des différends qui peuvent survenir dans l'exécution des contrats miniers et pétroliers, l'arbitrage a été choisi comme MARD. Ainsi le processus de l'arbitrage est fondé sur les textes tirés de l'article 84 al 2 du code pétrolier en ces termes : « *Toutefois, les contrats pétroliers peuvent comporter des clauses prévoyant l'arbitrage international en vue du règlement des différends éventuels entre l'État et les titulaires de contrats pétroliers concernant l'interprétation ou l'application de ces derniers* ». De même, l'article 52 al 12 du Code minier dispose que parmi les clauses incluses dans une convention minière, il peut être fait mention de l'arbitrage en ces termes : « *(...) la reconnaissance du droit de recours contre les décisions jugées contraires à la loi et à la convention minière, notamment par l'édiction des règles relatives au règlement amiable et au règlement contentieux, prévoyant le recours à l'arbitrage national ou international* ».

Pour arrimer le mécanisme de règlement des différends des contrats miniers et pétroliers, le législateur a consacré une arbitralité des litiges en se fondant sur les conventions internationales ainsi que le Traité de l'OHADA et l'AUA. La législation nationale relative à l'investissement comporte, dans ses dispositions, la faculté de recours à l'arbitrage comme MARD afin de donner aux investisseurs une réelle protection.

B- L'arbitrage conventionnel

La transposition des dispositions relatives à l'arbitrage dans les Codes minier et pétrolier se manifeste par la volonté des parties d'aller à l'arbitrage. Cette volonté est présente dans tous les contrats miniers et pétroliers afin de régler les litiges nés ou éventuels. Cet accord de soumettre les litiges nés ou à naître prend la forme d'une convention d'arbitrage qui est définie comme étant la convention par laquelle les parties s'engagent à faire trancher par un ou plusieurs arbitres les litiges nés ou pouvant naître entre elles. Mais l'AUA en son article 3-1 apporte une distinction en ce qui concerne la convention d'arbitrage. Ainsi la convention d'arbitrage peut prendre la forme d'une clause compromissoire ou d'un compromis. La clause compromissoire est la convention par laquelle les parties s'engagent à soumettre à l'arbitrage les différends pouvant naître ou résulter d'un rapport d'ordre contractuel. Tandis que le compromis est la convention par laquelle les parties à un différend déjà né conviennent de le régler par la voie de l'arbitrage.

Dans cette distinction, il convient de préciser que les contrats miniers et pétroliers, étant des contrats solennels marqués par le formalisme, il est écarté expressément le compromis. Ce choix préalable permet de paralyser qu'une des parties puisse s'écarter de l'application de la convention d'arbitrage[91].

À titre d'illustration, les conventions minières de la société Thien Pao SARL et la société Zhigu Mining Centrafrique comportent en leur article 13.6 respectif la clause d'arbitrage : *« (...) tous litiges ou différends découlant de la présente convention ou en relation avec*

---

[91] BAYO BYBI (B.), « L'efficacité de la convention d'arbitrage en droit de l'OHADA », *Penant*, n° 876, juillet-septembre 2011, pp. 361-380.

celle-ci seront résolus par la Cour Commune de Justice et d'Arbitrage de l'OHADA à Abidjan, conformément à son règlement que les parties déclarent connaître et accepter ». La volonté exprimée d'aller en arbitrage crée un véritable transfert de compétence juridictionnelle. Néanmoins, la question de la capacité de l'État à compromettre a fait l'objet de débats.

Paragraphe 2 : L'évolution de l'arbitralité subjective

La présence systématique de la clause d'arbitrage dans les contrats miniers et pétroliers ne signifie pas que l'arbitrage est nécessairement le mode de règlement des litiges. Il est de principe que la fonction de régler toutes contestations ou tous litiges demeure un pouvoir souverain de l'État. La position de la question de savoir si toute personne physique ou morale peut-elle conclure une convention d'arbitrage a suscité d'importants intérêts notamment celle des personnes publiques bénéficiant de l'immunité juridictionnelle. La participation de l'État à l'arbitrage constitue une garantie pour les investissements relatifs à l'exploitation minière et pétrolière dont il importe d'analyser l'état actuel de la question (A). L'avancée réalisée par cette participation illustre l'indication de l'offre de l'arbitrage proposée par l'État Centrafricain (B).

A- L'état actuel de la participation de l'État à l'arbitrage

La question de l'arbitralité des litiges a posé des difficultés lorsqu'elle met en cause l'État et ses émanations. Le Code civil français en son article 2060[92] s'y oppose mais

[92] Code civil de la dernière modification du 03 janvier 2018.

l'exception est faite seulement pour des catégories d'établissements publics à caractère industriel et commercial qui peuvent être autorisés par décret à compromettre. Cette opposition a présenté des inconvénients quant aux personnes morales publiques qui ne peuvent compromettre afin de satisfaire aux conditions de son cocontractant, détenteur des capitaux. Cette solution ne peut être appliquée à l'État Centrafricain qui recherche les investisseurs. De même que cette opposition peut servir de moyens aux personnes morales publiques qui, une fois la convention d'arbitrage conclue, s'interdisent d'exécuter.

Pour éviter un tel écueil, l'adoption de l'Acte uniforme relatif au droit de l'arbitrage (AUA) du 23 novembre 2017 vient trancher la question de la capacité compromissoire des personnes morales publiques. En effet, l'article 2 al. 2 AUA dispose : *« Les États, les autres collectivités publiques territoriales, les établissements publics et toute autre personne morale de droit public peuvent également être parties à un arbitrage, quelle que soit la nature juridique du contrat, sans pouvoir invoquer leur propre droit pour contester l'arbitrabilité d'un différend, leur capacité à compromettre ou la validité de la convention d'arbitrage ».*

La jurisprudence CCJA dans l'arrêt du 29 novembre 2011 dans l'affaire République de Guinée Équatoriale et la Communauté Économique et Monétaire des États de l'Afrique Centrale (CEMAC) c/ la Commercial Bank of Guinea Ecuatorial (CBGE) relative à la capacité compromissoire des personnes morales publiques est assez significative[93]. En effet, la CCJA a rendu dans l'affaire République de Guinée et la CEMAC c/ la CBGE une

[93] CCJA, 29 novembre 2011, *Guinée Équatoriale et la Communauté Économique des États de l'Afrique Centrale (CEMAC) c/ la Commercial Bank of Guinea Ecuatorial (CBGE), Le Juris Ohada*, n° 1, 2012, janvier-mars, p. 34 ; *Cahier d'Arbitrage* 2013-4, p. 1141, note A. NGWANZA.

décision précisant l'impossibilité pour les États de se dédire d'une convention d'arbitrage conclue en se fondant sur les articles 2 et 4 AUA. Au fait, l'État de la Guinée Équatoriale avançait comme soutien à ses arguments la nullité de la convention d'arbitrage au motif que le ministre qui l'avait conclue n'avait pas le pouvoir faute d'avoir obtenu l'autorisation préalable du Premier Ministre, ceci conformément au droit équato-guinéen.

Il s'agit de tirer de cette jurisprudence une certitude pour les investisseurs que la capacité compromissoire, désormais reconnue aux personnes morales publiques ne souffre d'aucun infléchissement quelles que soient les opérations entreprises.

Au regard de cet arrêt de la CCJA, la proposition faite par l'État Centrafricain de recourir à l'arbitrage dans le secteur minier et pétrolier mérite une attention.

Enfin, il faut indiquer qu'aux termes de l'article 10 alinéa 10.2 du Règlement arbitral, lorsque les parties sont convenues de recourir à l'arbitrage CCJA et que *« l'une des parties refuse ou s'abstient de participer à l'arbitrage, celui-ci a lieu nonobstant ce refus ou cette abstention »*. Cette garantie est essentielle pour faire échec à toute inertie délibérée d'une partie qui serait de mauvaise foi.

B- L'incitation à l'arbitrage proposé par l'État Centrafricain comme garantie des investissements liés aux contrats miniers et pétroliers

La consécration définitive de la capacité compromissoire des personnes morales publiques peut justifier l'offre faite par l'État Centrafricain de conclure avec les entreprises d'exploitation minières et pétrolières une convention d'arbitrage. Cette offre n'est qu'une invitation préalable à travers les dispositifs législatifs dont la mise en œuvre est conditionnée par la conclusion des contrats miniers et pétroliers. C'est ainsi que l'article 52 al. 12 précité du Code minier centrafricain offre la possibilité d'aller à l'arbitrage aux investisseurs privés étrangers lorsque les contrats conclus tiennent compte de la convention d'arbitrage. Pour converger à cette protection offerte, les investisseurs, dans la pratique, recourent de façon systématique à l'arbitrage.

Par ailleurs, la disposition légale favorisant le recours à l'arbitrage comme mode de règlement des litiges est bien présente dans plusieurs législations relatives à la protection des investissements. Ainsi, la Loi n°2002-004 du 19 avril 2002 modifiée portant Charte des investissements au Cameroun en son article 11 al. 3 énonce : « *L'État dispose, grâce à son appartenance à l'espace OHADA, d'un mécanisme d'arbitrage, tant ad hoc qu'institutionnel, s'inspirant des instruments internationaux les plus performants tels la loi-type de la commission des Nations Unies pour le droit commercial international de 1985 et le règlement d'arbitrage de la chambre de commerce internationale de 1998* ». L'analyse que l'on peut dégager est celle de la subordination de l'arbitrage à une convention. Cela constitue la mise en avant du consensualisme qui guide la formation de toute convention.

Dans cet élan, la jouissance de la capacité compromissoire des personnes morales publiques est mise en exergue en RCA à travers la Loi n°01-010 du 16 juillet 2001 relative à la Charte des investissements. L'article 22 de cette loi énonce : *« Tout différend opposant un ou plusieurs investisseurs à l'État centrafricain concernant l'application de la Charte est réglé conformément à une procédure d'arbitrage et de conciliation découlant :*

- *soit du traité issu de l'application des procédures et arrêts de la Cour Commune de Justice et d'Arbitrage de l'Organisation pour l'Harmonisation en Afrique du Droit des Affaires (OHADA) à laquelle la République Centrafricaine a adhéré ;*

- *soit de la Convention du 10 mars 1965 pour le règlement des différends relatifs aux investissements entre l'État et les ressortissants d'autres États, établie sous l'égide de la Banque Internationale pour la Reconstruction et le Développement (BIRD) et ratifiée par la République Centrafricaine le 23 février 1966 ;*
- *soit, si la personne physique ou morale concernée ne remplit pas les conditions de nationalité stipulées à l'article 25 de la Convention susvisée, conformément aux dispositions des règlements du mécanisme supplémentaire approuvées par le Conseil d'Administration du Centre International pour le Règlement des Différends relatifs aux Investissements (CIRDI) ».*

Plusieurs textes relatifs aux investissements font de l'arbitrage le moyen privilégié de règlement des différends nés des relations économiques de l'État[94].

Section 2 : Les facilités offertes par l'arbitrage en matière des contrats miniers et pétroliers en RCA

L'attente aussi légitime que soit des cocontractants de l'État est de voir, à la sortie d'un procès arbitral, que la sentence soit exécutée[95]. Ainsi, faisant suite à l'efficacité de la convention d'arbitrage, l'État et l'investisseur, qui s'étant engagés dans ladite convention, sont tenus par cette même obligation d'exécuter la sentence rendue même à leur encontre. Cette obligation qui pèse sur l'État et

[94] Lire en ce sens NGWANZA (A.), « L'essor de l'arbitrage international en Afrique Sub-saharienne : les apports de la CCJA », précité.

[95] BEBOHI EBONGO (S.), « L'appréciation des condamnations contre les États africains dans l'arbitrage international », *Penant,* n° 898, pp. 5-18.

l'investisseur étrangers confère une véritable sécurité juridique offerte aux parties (Paragraphe 1). Mais l'exécution peut se heurter à des obstacles lorsqu'elle met en cause l'État (Paragraphe 2).

Paragraphe 1 : La sécurité offerte aux parties à l'arbitrage

La sentence arbitrale, une fois rendue, bénéficie de l'autorité de la chose jugée à l'égard des parties. Pour cette fin, elle doit remplir des conditions pour sa régularité[96]. Les sentences rendues par les centres d'arbitrage soit de la CCJA soit du CIRDI bénéficient d'une procédure rapide et de la discrétion (A). Aussi, il y a la maîtrise certaine des règles applicables par les parties (B).

A- La rapidité et la discrétion dans la procédure arbitrale

Toute procédure arbitrale est efficace lorsque les décisions sont rendues et exécutées dans un bref délai et dans la discrétion. Ainsi, dans la procédure arbitrale, les parties ont la totale emprise sur le déroulement de la procédure qu'elles peuvent enfermer dans un temps. Même si l'on peut observer une certaine lenteur à l'instar de la justice étatique, les arbitres sont tenus de rendre les sentences dans un délai fixé par les parties. Dans ce sens, l'article 12 AUA dispose : *« Si la convention d'arbitrage ne fixe pas de délai, la mission du tribunal arbitral ne peut excéder six (06) mois à compter du jour où le dernier des arbitres l'a acceptée. Le délai d'arbitrage, légal ou*

---

[96] JAMIN (C.), "Juger et motive", *RTDCiv,* n°2, avril-juin 2015, pp. 263-281.

conventionnel, peut être prorogé, soit par accord des parties, soit à la demande de l'une d'elles ou du tribunal arbitral, par la juridiction compétente dans l'État Partie ». En plus, en ce qui concerne l'obligation des parties, l'article 14 AUA précise que « *Les parties agissent avec célérité et loyauté dans la conduite de la procédure et s'abstiennent de toutes mesures dilatoires* ».

Pour le déroulement de la procédure, il convient de rappeler que la procédure arbitrale à l'instar de la CCJA est confidentielle. La confidentialité n'est certes pas une originalité ni de la CCJA ni du CIRDI mais elle participe de l'essence même de l'institution arbitrale. C'est dans cette perspective que le législateur OHADA, pour rassurer les justiciables, souligne la confidentialité en faisant d'elle l'une des caractéristiques majeures de son processus arbitral à l'instar de ce qu'elle est dans d'autres systèmes d'arbitrage. En effet, aux termes de l'article 14 du Règlement d'arbitrage CCJA « *la procédure arbitrale est confidentielle. Les travaux de la Cour relatifs au déroulement de la procédure arbitrale sont soumis à cette confidentialité ainsi que les réunions de la Cour pour l'administration de l'arbitrage. Elle couvre les documents soumis à la Cour ou établis par elle à l'occasion des procédures qu'elle diligente. Sous réserve d'un accord contraire de toutes les parties, celles-ci et leurs conseils, les arbitres, les experts, toutes les personnes associées à la procédure d'arbitrage sont tenues au respect de la confidentialité des informations et documents qui sont produits au cours de cette procédure. La confidentialité s'étend, dans les mêmes conditions, aux sentences arbitrales* ».

B- La maîtrise des règles applicables à la procédure

Dans la procédure arbitrale, il y a une certaine prévisibilité des règles à l'égard des parties. Dans le cadre de l'arbitrage institutionnel, le règlement du centre s'applique aux instances. C'est ainsi qu'en application de l'article 10 du Règlement d'arbitrage, lorsque les parties choisissent de recourir à l'arbitrage CCJA, elles admettent par là même que soit appliqué à leur procédure un corps de règles juridiques constitué du Titre IV portant sur l'arbitrage institué par le Traité de l'OHADA, du Règlement d'arbitrage et du Règlement intérieur de la Cour et de leurs annexes. De même, les parties ont une connaissance du barème des frais d'arbitrage du centre en vigueur à la date de l'introduction de la procédure. Cette caractéristique marque la différence avec l'arbitrage de droit commun de l'espace OHADA réglementé par l'Acte Uniforme du 23 novembre 2017 dans la mesure où, dans le cadre de celui-ci, les parties peuvent, par convention, décider de soumettre leur procédure arbitrale à la loi de procédure de leur choix. Et à défaut d'une telle convention, le Tribunal arbitral peut procéder à l'arbitrage comme il le juge approprié (article 14 AUA).

Dans la même optique, l'article 44 de la Convention CIRDI dispose que les arbitrages sont conduits conformément au Règlement d'arbitrage en vigueur à la date à laquelle les parties ont consenti à l'arbitrage, sauf accord contraire de celles-ci.

Dans la pratique, après l'enregistrement de la requête d'arbitrage, les parties sont informées des dispositions relatives à l'organisation et le fonctionnement du tribunal arbitral, les dispositions générales de procédure, les procédures écrites ou orales, les procédures particulières telles que les mesures conservatoires, les déclinatoires et moyens préliminaires et le désistement, la sentence et les recours post-sentence, à savoir l'interprétation, la révision et l'annulation de la sentence.

S'agissant du choix des arbitres, lorsqu'ils sont désignés par le centre d'arbitrage, ceci présente l'avantage que les arbitres satisfont à certaines conditions telles qu'issues de l'article 7 al. 3 AUA : *« L'arbitre doit avoir le plein exercice de ses droits civils et demeurer indépendant et impartial vis-à-vis des parties »*. En plus, lorsqu'il revient au centre de désigner les arbitres, celui-ci veille sur la compétence technique des arbitres en raison de la connaissance qu'ils peuvent avoir des problèmes que pose le litige à régler ainsi que de leur honorabilité.

Paragraphe 2 : La soumission de l'État à la sentence arbitrale

Il existe souvent un climat de réticence de l'État comme partie, à participer à la procédure arbitrale de même que d'exécuter la sentence. La question la plus délicate est celle de la participation effective de l'État à la procédure arbitrale et de l'exécution de la sentence arbitrale prononcée contre lui. Ainsi, pour éviter un tel écueil, la participation effective de l'État est garantie à travers le principe de l'estoppel (A). Mais ce principe présente quelques limites (B).

A- Le principe de l'estoppel

C'est dans un arrêt du 20 septembre 2011 (pourvoi n°10-22888) que la chambre commerciale de la Cour de cassation française vise, pour la première fois, le principe de l'estoppel pour écarter la fin de non-recevoir d'une action en contrefaçon. Mais l'estoppel, est d'abord entendu en droit international public comme une objection péremptoire qui s'oppose à ce qu'un État à un procès puisse contredire une position qu'il a prise antérieurement et dans laquelle les tiers avaient placé leur confiance[97].

L'estoppel est un principe général du droit selon lequel nul ne peut se contredire au détriment d'autrui. Ce principe est issu du droit anglais. Ainsi, en application de la règle de l'estoppel, une partie qui a elle-même formé une demande d'arbitrage et qui a participé sans aucune réserve à la procédure arbitrale, ne peut soutenir, par un moyen contraire, que cette juridiction aurait statué sans convention d'arbitrage ou sur une convention nulle, faute de convention qui lui soit applicable[98].

L'AUA a consacré le principe dans son article 14 al. 9 de la façon suivante *: « La partie qui, en connaissance de cause, s'abstient d'invoquer sans délai une irrégularité et poursuit l'arbitrage est réputée avoir renoncé à s'en prévaloir »*. Ainsi, les parties qui choisissent de recourir à l'arbitrage doivent, en général, être dans de bonnes dispositions morales pour exécuter spontanément la sentence qui sanctionne la procédure qu'elles ont volontairement engagée. La sentence est revêtue de l'autorité de la chose jugée qui signifie que lorsque la sentence est régulièrement rendue, elle s'impose aux parties. L'autorité de la chose jugée prive la partie succombante de soumettre la même affaire devant une juridiction arbitrale.

La garantie que la sentence arbitrale puisse s'exécuter se raffermit avec l'évolution des règles du droit. L'État qui s'engage dans une convention d'arbitrage s'engage en

---

[97] GUINCHARD (S.) et DEBARD (T.) (dir.), *Lexique des termes juridiques*, précité, p. 449.

[98] DELPECH (X.), « Procédure arbitrale : application de la théorie de l'estoppel », Recueil Dalloz, n°29, 2 septembre 2010, Actualité/procédure civile et voie d'exécution, p. 1886, note à propos de 1ère Civ. - 8 juillet 2010.

même temps, lorsqu'il est rendu une décision sur le fondement de cette même convention, à s'exécuter. C'est une question de la morale et de la loyauté. Cette exigence peut toutefois aussi être recherchée dans le principe de *pacta sunt servanda.* Lorsque l'État a suscité par son engagement la confiance de son cocontractant, il serait plus respectueux que la décision rendue soit exécutée[99].

B- Les limites à la soumission de l'État

Soucieux de leur souveraineté, la question de l'exécution de la sentence arbitrale n'a pas rencontré l'unanimité des États. L'exécution des sentences arbitrales étrangères est un défi lorsqu'il s'agit de l'État qui est en cause.

Même si l'on peut remarquer l'attraction des États à recourir à l'arbitrage dans les AII[100], il existe encore quelques réticences envers l'arbitrage international. Ceci est dû par des sentences qui, pour des raisons liées à la réparation des préjudices subis par les investisseurs, comportent un montant plus élevé pouvant entraîner l'État dans un déséquilibre significatif de son économie[101]. Cette situation peut se vérifier par le retrait progressif de certains États de la convention de CIRDI à l'instar de la Bolivie en 2007, de l'Équateur en 2009.

Par ailleurs, si certains États ne sont pas retirés des conventions de protection des investissements, ils se replient sur les immunités juridictionnelles ou d'exécution.

---

[99] MOHO FOPA (E.A.), *L'ordre public en droit commercial OHADA,* Thèse, Faculté de Sciences Juridiques et Politiques de l'Université de Dschang, 14 novembre 2014, p. 189.

[100] SOSSA (D.C.), « L'extension de l'arbitralité objective aux accords de développement économique dans l'espace OHADA », *Penant,* n°884, juillet-septembre 2013, pp. 269-314.

[101] BEBOHI EBONGO (S.), « L'appréciation des condamnations contre les États africains dans l'arbitrage international », précité, p. 14.

L'immunité d'exécution est présentée comme étant liée à l'immunité de juridiction, dans la mesure où elle est le plus souvent opposée par l'État comme ultime moyen de défense lorsqu'il perd l'immunité de juridiction par la signature de la clause compromissoire. Elle permet à l'État qui en bénéficie de s'opposer à ce que ses biens soient saisis sur le territoire d'un autre État.

En outre, il existe toujours une incertitude relativement aux biens de l'État qui sont saisissables. Dans ces types de contrats qualifiés de contrat d'État où celui-ci s'engage de façon ultime avec tous ses attributs, la question de la détermination des biens pouvant être engagés dans une procédure de saisie est délicate. Si la question de la capacité compromissoire des personnes morales publiques a été résolue, celle de la saisie de leurs biens demeure. D'ailleurs, elle s'aggrave en ce qui concerne les contrats d'État où il sera un peu difficile d'identifier les biens pouvant être engagés. Les ressources naturelles, étant couvertes par la souveraineté, il serait possible que l'investisseur se retrouve sans protection.

CONCLUSION DU CHAPITRE 2

Le règlement des différends par voie de l'arbitrage se présente comme une procédure efficace dans le contentieux des contrats pétroliers et miniers. Dans la subdivision de la nature des litiges pouvant opposer les parties, il est attribué systématiquement à l'arbitrage la compétence sur les litiges de nature technique portant sur l'interprétation de la convention et de la loi applicable. Ce choix justifie l'arbitralité des litiges qui peuvent naître des contrats miniers et pétroliers. La consécration définitive de la capacité compromissoire des personnes morales publiques a permis à l'État Centrafricain de pouvoir faire une offre d'arbitrage incitant les sociétés d'exploitation à la conclusion des accords d'investissements dans le secteur minier et pétrolier.

Dans la pratique, l'arbitrage institutionnel offre aux parties aux contrats miniers et pétroliers une sécurité juridique et juridictionnelle. Leur procédure est marquée par les règles fondamentales de l'institution de l'arbitrage que sont la liberté, la neutralité de la loi applicable ainsi que la confidentialité. Deux principaux centres font office de juridiction arbitrale compétente pour connaître des litiges nés de l'exécution desdits contrats à savoir, le CIRDI, compétent pour le contrat pétrolier, et la CCJA, compétente pour les contrats miniers. L'avantage de l'arbitrage est la souplesse qui dépend de la volonté des parties, de la rapidité et de l'exécution possible des sentences rendues dont peut se prévaloir la partie la plus diligente. Mais quelques limites demeurent présentes et surtout la réticence possible de l'État à l'exécution des sentences fondée sur le moyen d'immunités de juridiction et d'exécution.

CONCLUSION DE LA DEUXIÈME PARTIE

Les prérogatives juridictionnelles de l'État en matière du règlement des litiges dans le secteur des ressources naturelles sont atténuées par la répartition des compétences. Pour offrir plus d'efficacité dans le traitement des litiges, l'État et son cocontractant, l'investisseur privé, s'accordent à donner la pleine compétence à la juridictionnelle étatique pour les litiges d'ordre non technique et la compétence exclusive à la juridiction arbitrale pour les litiges techniques.

La manifestation de la compétence juridictionnelle étatique dans le règlement des litiges miniers et pétroliers respecte la séparation des compétences des tribunaux administratifs et judiciaires. Ainsi, les tribunaux administratifs sont compétents pour les litiges nés du contentieux de l'appel d'offres d'attribution des titres miniers. Il convient de rappeler que l'appel d'offres peut être restreint ou ouvert. Mais dans le cadre de l'appel d'offre relatif aux contrats pétroliers, le litige pouvant être né de cet appel d'offre est insusceptible d'aucun recours. Tandis que le contentieux du secteur minier est ouvert au recours par transposition *mutatis mutandis* des règles d'appel d'offre des marchés publics. Pour la compétence judiciaire, elle s'exerce dans le traitement des délits et des infractions qui se rapportent aux titres miniers.

Pour garantir la sécurité dans l'exécution des contrats miniers et pétroliers, les différends techniques sont attribués à la compétence du tribunal arbitral. Étant des accords d'investissement, les contrats miniers et pétroliers, en raison de la technicité et l'ampleur des investissements, contiennent des conventions d'arbitrage qui attribuent la compétence à l'arbitrage institutionnel. L'arbitrage institutionnel présente des avantages tant au regard de la procédure par la rapidité, la confidentialité, que par l'exécution des sentences rendues par l'application du principe de l'*estoppel* mettant les parties dans une obligation de conduire le procès avec loyauté et bonne foi jusqu'à l'exécution de la décision.

CONCLUSION GÉNÉRALE

Les opérations de l'exploitation des ressources naturelles présentent un intérêt au regard de développement économique du pays producteur. Les acteurs de ces activités sont, pour la plupart, l'État et les investisseurs privés étrangers. Ainsi, l'État Centrafricain, pour donner droit d'accès aux ressources naturelles aux investisseurs étrangers, conclut des contrats. Ces contrats comportent une particularité en ce sens que le litige né ou pouvant naître ont un effet systémique. Pour parvenir à un équilibre, les parties s'engagent dans une procédure leur permettant d'anticiper la naissance des litiges ou une fois survenus, les litiges sont réglés par voie juridictionnelle.

À cet effet, l'analyse du contentieux des contrats miniers et pétroliers est une opération intellectuelle et matérielle très hardie. Les parties qui s'engagent en négociation, étant elles-mêmes dans une inégalité de rapport de force, rendent difficile la résolution des litiges. Ainsi, plusieurs solutions ont été recherchées à travers la technique contractuelle et le recours juridictionnel.

Pour une efficacité dans le traitement du contentieux des contrats miniers et pétroliers, l'État se positionne en protagoniste en organisant de façon unilatérale les conditions de la formation des contrats qui peuvent constituer la source d'entrée dans les contentieux. Ainsi, la présence de l'État comme partie est exigée en raison de l'exercice de sa souveraineté sur les ressources naturelles ainsi que la qualité requise de l'investisseur privé qui doit être constitué sous la forme d'une société commerciale de droit centrafricain et satisfaire à des capacités techniques, financières, être en mesure de promouvoir le développement économique et social. En plus, un contrôle administratif suivi d'une incitation institutionnelle à la médiation assure une résolution préventive des litiges.

Toutefois, pour qu'une stabilité soit pérenne, les parties s'engagent conventionnellement à traiter au moyen des clauses les litiges éventuels. Pour ce faire, les clauses dites d'adaptation passive permettent, en ce qui concerne le partage de la production, de s'arrimer à la fluctuation sans que soit nécessaire de revenir à chaque instant à la négociation. Les clauses dites d'adaptation active prévoient, en cas de survenance des événements bouleversant l'équilibre du contrat, la résiliation sans porter atteinte aux droits des parties. En plus, la spécificité des contrats d'exploitation des ressources naturelles conduit, pour prévenir certains litiges, les parties à convenir par la clause de stabilisation de maintenir la loi en vigueur au moment de la conclusion des contrats miniers et pétroliers.

Cependant, nul n'ignore que les contrats font souvent naître des désaccords, des contestations nécessitant l'intervention du juge pour pouvoir les trancher. Pour cela, la clause attributive de juridiction a permis de définir le champ de compétence des juridictions pouvant prendre en charge les litiges. N'étant pas dépouillé de toutes leurs prérogatives, les juridictions étatiques sont compétentes pour les litiges non techniques et la juridiction arbitrale pour les litiges d'ordre technique. La compétence de la juridiction étatique se déploie dans sa subdivision de la juridiction administrative et judiciaire chacune selon la loi organisant sa compétence. Mais l'effroi des investisseurs devant les juridictions étatiques permet de recourir à l'arbitrage. Celui-ci est un mode de justice privée. L'arbitrage n'est ouvert que sur la volonté commune des parties qui décident de soumettre leur litige à un tiers, l'arbitre pour la résolution.

Dans cette volonté d'écarter la justice étatique, l'arbitrage comme mode de résolution des litiges des contrats pétroliers peut donner lieu à une sécurité juridique et juridictionnelle. D'où le choix des parties d'aller à l'arbitrage institutionnel qui organise au mieux la procédure et rend la sentence exécutoire à l'égard des parties. La particularité de l'arbitrage institutionnel réside dans la possibilité offerte à la partie diligente d'obtenir l'exécution de la sentence à laquelle la partie perdante ne peut se dédire.

BIBLIOGRAPHIE

OUVRAGES

1. BAKANDEJA wa MPUNGU (G.), *Droit minier et des hydrocarbures en Afrique Centrale,* Droit de l'Economie International, Bruxelles, 2009, 344 p.
2. BANDOKI (S.), *Le droit minier et pétrolier en Afrique,* Edilivre.com, Paris, 2008, 80 p.
3. CONTE (P.), MAISTRE DU CHAMBON, *La responsabilité civile délictuelle*, PUG, 2004, 145 p.
4. DROSS (W.), *Dictionnaire des clauses ordinaires et extraordinaires des contrats de droit privé interne,* Litec, Paris, 2008, 619 p.
5. ESSAGA (S.), *Droit des hydrocarbures en Afrique*, L'Harmattan, Paris, 2013, 783 p.
6. FAGES (B.), *Droit des obligations,* 4ème édition, LGDJ, Paris, juillet 2013, 516 p.
7. FATIN-ROUGE STEFANNI (M.), GAY (L.), VIDAL-NAQUET (A.), *L'efficacité de la norme juridique,* Bruylant, Bruxelles, 2012, 352 p.
8. GOURION (P.-A.) et PEYRARD (G.), *Droit du commerce international,* 2ème éd., L.G.D.J, Paris, 1997, 233 p.
9. GUINCHARD (S.) et DEBARD (T.) (dir.), *Lexique des termes juridiques,* 2ème édition, Dalloz, Paris, 2015, 1105 p.
10. ISSA-SAYEGH (J.), POUGOUE (P.-G.), SAWADOGO (F.M.) (dir.), *Ohada, Traité et actes uniformes commentés et annotés*, Juriscope, Paris, 2016, 1440 p.
11. KENFACK (H.), *Droit du commerce international,* 2ème édition, Dalloz, Paris, 2006, 150 p.
12. LAURIOL (T.) et RAYNAUD (E.), *Le droit pétrolier et minier en Afrique,* L.G.D.J édition lextenso, Paris 2016, 588 p.

13. MORAND-DEVILLER (J.), *Cours de droit administratif,* éd. Montchrestien, Paris, 1997, 256 p.

14. SAYAG (A.), *Le contrat cadre, 1-Exploration comparative*, Litec, Paris, 1994, 320 p.

15. TAMBA (I.) et TCHATCHOUANG (J.C.) et DOU'A (R.), *L'Afrique Centrale, le paradoxe de la richesse : Industries extractives, gouvernance et le développement social,* PUA, Yaoundé-Cameroun, 2007, 251 p.

THÈSES ET MÉMOIRES

1. AWOUNANG KALLA (H.H.), *La gestion des risques dans la formation du contrat de vente,* Mémoire de Master, IJEA, FSJP, Université de Dschang, octobre 2015.

2. DERE (A.), *La responsabilité des dirigeants sociaux en droit OHADA*, Mémoire de master recherches, Faculté des Sciences Juridiques et Politiques, Université de Dschang, juillet 2017.

3. ESSAGA (V.S.), La clause de stabilité fiscale dans les contrats pétroliers au Cameroun, Mémoire de DESS en administration fiscale, Université de Douala, 2005-2006.

4. MOHO FOPA (E.A.), *L'ordre public en droit commercial de l'OHADA,* Thèse, Faculté des Sciences Juridiques et Politiques de l'Université de Dschang, 14 novembre 2014.

5. MOUADJIMTOG (N.R.), *Le droit à un environnement sain des populations riveraines de l'exploitation du pétrole ; l'action du ''groupe de recherches alternatives et due monitoring du projet pétrole Tchad-Cameroun''*, Mémoire de master professionnel, Droit de l'Homme, Droit Pénal International et Droit International Humanitaire, Faculté des Sciences Juridiques et Politiques de l'Université de Dschang, novembre 2017.

6. NGANDO LOBE (A.N.J.), *La spécificité du contrat pétrolier en droit camerounais*, Mémoire de Master IJEA,

Faculté de Sciences Juridiques et Politiques, Université de Dschang, 2013/2014.

7. WATCHO, née KEUGONG NGUEKEN (R.S), *Le droit commun des contrats à l'émergence des droits communautaires africains,* Thèse, FSJP, Université de Dschang, janvier 2009.

ARTICLES DE DOCTRINE

1. AMRANI-MEKKI (S.), « Droit des contrats », *Recueil Dalloz*, 14 mars 2014, n° 10, pp. 630-640.
2. ANOUKAHA (F.), « L'obligation d'information de l'arbitre en droit OHADA », in, ANOUKAHA (F.) et OLINGA (A.D.) (dir.), *L'obligation, Études offertes au Professeur Paul Gérard POUGOUÉ*, précité, pp. 87-107.
3. BALAR (N.), « Réforme du droit des contrats : les conflits entre droit commun et droit spécial ? », *Recueil Dalloz,* 26 mars 2015, n° 12, pp. 699-701.
4. BEBOHI EBONGO (S.), « L'appréciation des condamnations contre les États africains dans l'arbitrage international », *Penant,* n° 898, pp. 5-18.
5. BILONG (S.), « La crise du droit administrative au Cameroun », *Revue Juridique et Politique,* janvier-mars, n° 1, 2011, pp. 45-75.
6. CADIET (L.), « Et les principes directeurs des autres procès ? Jalons pur une théorie des principes directeurs de procès », in, *Études offertes à NOORMAND,* Litec, Paris, 2003, pp. 71-110.
7. CORNU (G.), « Les principes directeurs du procès civil par eux-mêmes, fragment d'un état de question », in, *Mélanges Pierre BELLET,* Litec, 1991, pp. 84-100.
8. D'AVOUT (L.), « Droit du commercial international », *Recueil Dalloz,* n° 35, 13 octobre 2011, pp. 2434-2443.

9. DELPECH (X.), « Procédure arbitrale : application de la théorie de l'estoppel », Recueil Dalloz, n°29, 2 septembre 2010, Actualité/procédure civile et voie d'exécution, p. 1886s, note à propos de 1ère Civ. - 8 juillet 2010.

10. GUNICHARD (S.), « Quels principes directeurs pour le procès de demain ? », in, *Mélanges Jacques Van COMPERNOLLE,* Bruxelles, Bruylant, 2004, pp. 201-248.

11. JAMIN (C.), "Juger et motive", *RTDCiv,* n°2, avril-juin 2015, pp. 263-281.

12. MEKKI (M.), « Droit des contrats », *Recueil Dalloz,* 16 février 2017, n° 7, p. 375-387.

13. MERCADAL (B.), « La qualification du contrat en droit français », in, ANOUKAHA (F.) et OLINGA (A.D.) (dir.), *L'obligation, Études offertes au Professeur Paul Gérard POUGOUÉ*, Harmattan, Cameroun 2015, pp. 459-469.

14. MPESSA (A.), « Une avancée dans l'accès à la justice administrative au Cameroun : la nouvelle formulation de la règle du recours gracieux, d'après l'article 17 de la loi n° 2006/22 du 29 décembre 2006 », *Revue Juridique et Politique des États francophones,* janvier-mars 2014, n° 1, pp. 43-77.

15. NDAM (I.), « L'indépendance de la Cour Commune de Justice et d'Arbitrage : un nécessaire affermissement », *Penant,* n° 888, juillet-septembre 2014, pp. 303-333.

16. PAILLUSEAU (J.), « Comment les activités économiques révolutionnent le droit et les théories juridiques : révolution dans les approches et raisonnements juridiques », *Recueil Dalloz,* n°18, 18 mai 2017, pp. 1004-1010.

17. REYMOND (C.), « Réflexions sur quelques problèmes de l'arbitrage international. Faiblesses, menaces

et perspectives », *L'avenir du droit, Mélanges en hommage à François TERRE,* PUF, Dalloz, Paris 1999, pp. 787-799.

18. SOSSA (D.C.), « L'extension de l'arbitralité objective aux accords de développement économique dans l'espace OHADA », *Penant,* n°884, juillet-septembre 2013, pp. 269-314.

19. STORCK (M.), « L'obligation de cohérence dans l'information précontractuelle : l'éclairage du droit des marchés financiers », *in,* ANOUKAHA (F.), OLINGA (A.D.) (dir.), *L'obligation, Études offertes au Professeur Paul Gérard POUGOUÉ,* Harmattan, Cameroun, 2015, pp. 893-906.

20. TSAFACK DJOUMESSI (C.C.), « La confidentialité dans la procédure arbitrale dans l'espace OHADA », *Penant,* n° 894, janvier-mars 2016, pp. 57-70.

JURISPRUDENCE ANNOTÉE

1. CCJA, arrêt n°012/2011 du 29 novembre 2011, République de Guinée Equatoriale et la Communauté Monétaire des Etats d'Afrique Centrale c/ la Commercial Bank of Guinea Ecuatorial (CBGE), *Le juris OHODA* n°1, 2012, janvier-mars, p. 34 ; *Cahier de l'arbitrage* 2013-4, p. 1141, note NGWANZA (A.).

2. Sentence arbitrale du CIRDI, Affaire No. ARB/07/02 du 07 décembre 2010, disponible sur www.italaw.com/sites/default/files/case

3. Civ. 1re, 26 janvier 2011, n° 09-10.198, note DELPECH (X.), *Revue Dalloz,* n° 5, 3 février 2011, p. 312.

LÉGISLATION

Décret n° 2004/275 du 24 septembre 2004 portant code des marchés publics au Cameroun.

Ordonnance n° 93.007 du 25 mai 1993 portant code pétrolier de la République centrafricaine

Loi n° 09.005 du 29 avril 2009 portant code minier de la République centrafricaine

Loi n° 2016/017 du 14 décembre 2016 portant code minier au Cameroun

Loi n° 07/018 du 28 décembre 2007 portant Code de l'Environnement de la République Centrafricaine

Loi n° 08-017 du 6 juin 2008 portant Code des marchés publics et délégations de service public en République Centrafricaine.

Loi n°2002-004 du 19 avril 2002 modifiée portant Charte des investissements au Cameroun

Loi n°01-010 du 16 juillet 2001 relative à la Charte des investissements en République Centrafricaine

TABLE DES MATIÈRES

Structures éditoriales du groupe L'Harmattan

L'Harmattan Italie
Via degli Artisti, 15
10124 Torino
harmattan.italia@gmail.com

L'Harmattan Hongrie
Kossuth l. u. 14-16.
1053 Budapest
harmattan@harmattan.hu

L'Harmattan Sénégal
10 VDN en face Mermoz
BP 45034 Dakar-Fann
senharmattan@gmail.com

L'Harmattan Cameroun
TSINGA/FECAFOOT
BP 11486 Yaoundé
inkoukam@gmail.com

L'Harmattan Burkina Faso
Achille Somé – tengnule@hotmail.fr

L'Harmattan Guinée
Almamya, rue KA 028 OKB Agency
BP 3470 Conakry
harmattanguinee@yahoo.fr

L'Harmattan RDC
185, avenue Nyangwe
Commune de Lingwala – Kinshasa
matangilamusadila@yahoo.fr

L'Harmattan Congo
67, boulevard Denis-Sassou-N'Guesso
BP 2874 Brazzaville
harmattan.congo@yahoo.fr

L'Harmattan Mali
ACI 2000 - Immeuble Mgr Jean Marie Cisse
Bureau 10
BP 145 Bamako-Mali
mali@harmattan.fr

L'Harmattan Togo
Djidjole – Lomé
Maison Amela
face EPP BATOME
ddamela@aol.com

L'Harmattan Côte d'Ivoire
Résidence Karl – Cité des Arts
Abidjan-Cocody
03 BP 1588 Abidjan
espace_harmattan.ci@hotmail.fr

Nos librairies en France

Librairie internationale
16, rue des Écoles
75005 Paris
librairie.internationale@harmattan.fr
01 40 46 79 11
www.librairieharmattan.com

Librairie des savoirs
21, rue des Écoles
75005 Paris
librairie.sh@harmattan.fr
01 46 34 13 71
www.librairieharmattansh.com

Librairie Le Lucernaire
53, rue Notre-Dame-des-Champs
75006 Paris
librairie@lucernaire.fr
01 42 22 67 13

www.ingramcontent.com/pod-product-compliance
Lightning Source LLC
LaVergne TN
LVHW051111051026
849532LV00004BB/1501
* 9 7 8 2 3 4 3 2 1 5 9 3 8 *